アクティブラーニングで学ぶ
Active Learning

特別支援教育

藤田久美
[編著]

一藝社

はじめに

　あなたは、なぜ特別支援教育について学びたいと考えましたか？
　あなたのこれまでの経験の中で、障害のある子どもの教育について学びたいと思ったきっかけがあったのでしょうか？

　私の経験をお伝えしたいと思います。小学校教員としての経験3年目に特別支援学級の担当になり、初めての経験に戸惑いと不安だったことを覚えています。通常クラスでの教育経験はまったく役に立たず、障害のある子どもへのかかわり、障害のある子どもを対象とした授業づくり、家族とのかかわり等、日々新しい経験の連続でした。教員としての自分の力不足を感じることが多く、いつしかその思いは障害のある子どもや家族の支援についてもっと学びたいと思う気持ちに変わりました。

　障害のある子どもとの出会いから20数年経ったいま、大学の教壇で特別支援教育を学ぶ学生達に教える立場になりました。私が教育現場にいた頃に比べると、特殊教育から特別支援教育が推進されるようになり、通常学級に在籍する発達障害等の児童生徒にも対象が拡大され、すべての教員が特別支援教育の知識・技術を兼ね備えることが求められるようになったように思います。

　さらに、平成24（2012）年の文部科学省からの報告「共生社会の形成に向けたインクルーシブ教育システム構築のための特別支援教育の推進」には、障害のあるなしに関係なく、一人ひとりが大切にされる教育の充実が図られるための理念や方法が具体的に示されています。今後、教員は共生社会を構成する一員として、豊かな人権意識を持つことも求められていくでしょう。

そのためには、障害のある子ども一人ひとりへのあたたかいまなざしを注ぎつつ、家族の思い・願いに耳を傾けることも必要になります。

　特別支援教育を学ぶ人には、幅広い能力・資質を兼ね備えるために、単なる知識の習得だけでなく、子ども一人ひとりが輝くことのできる学校や学級づくり、授業実践、家族支援等、多様な資質・能力を身につけてほしいと考えています。

　大学生の皆さんには、単に授業を受けるだけでなく、大学生活全般を通して主体的に学ぶ姿勢を大切にしてほしいと思っています。

　将来、教育や福祉の分野で障害のある子どもの支援にかかわりたいと考えている大学生は、授業外の学修活動として学校や福祉施設に出向き、子どもや家族、そして教員や支援者との出会いとかかわりを通して体験的な学びを積み重ねてください。

　さて、この本の書名は「アクティブラーニングで学ぶ特別支援教育」です。

　様々なアクティブラーニングで学んでいきましょう。学びの主役はあなた自身です。チャレンジをたくさん積み重ねてください。

　本書を手に取り、特別支援教育を学んだみなさんが、特別支援学校、保育所・幼稚園、小中高校、福祉施設等で、障害のある子どもと家族の支援に携わってくれることを期待しています。

編著者　山口県立大学社会福祉学部 教授

藤田 久美

もくじ

Active Learning

はじめに	2
この本におけるアクティブラーニングの捉え方	6

◎step 1　特別支援教育を学ぶまえに
──────────○ 学びの視点　10

1	あなたはなぜ特別支援教育を学ぶのですか	11
2	特別支援教育の現場──子どもの育ちを支える教員の姿から	12
3	障害のある子どもの育ちを支える教員の専門性	14

◎step 2　特別支援教育を学ぶあなたへ──知識・理解を深めるために
──────────○ 学びの視点　18

4	特別支援教育のいま	19
5	子どもの理解のために	
	5-1　知的障害のある子どもの心理とかかわり方	22
	5-2　肢体不自由の子どもの心理とかかわり方	24
	5-3　病弱の子どもの心理とかかわり方	26
	5-4　視覚障害のある子どもの心理とかかわり方	28
	5-5　聴覚障害のある子どもの心理とかかわり方	30
	5-6　自閉症スペクトラム障害のある子どもの心理とかかわり方	32
6	専門分野の立場から	
	6-1　共生社会の実現に向けて──本当のインクルーシブとは	34
	6-2　福祉教育と特別支援教育	36
	6-3　教育現場における自閉症スペクトラムのある子どもの教育的支援の可能性	38
	6-4　TEACCHと自閉症支援	40
	6-5　コミュニケーション支援とPECS	42
	6-6　発達障害のある子どものためのグループワーク	44
	6-7　思春期における発達障害支援	46
	6-8　発達障害者支援センターの支援	48
	6-9　特別支援教育におけるアセスメントツールの使用	50
	6-10　特別支援教育における運動・スポーツ	52
	6-11　応用行動分析学とほめ方のポイント	54
	6-12　児童発達支援センターの子どもの発達支援	56

6-13	放課後等デイサービスの子どもと家族への支援	58
6-14	学習支援の場の子どもの姿から	60
6-15	不登校支援の立場から	62
6-16	保護者支援とカウンセリングマインド	64
6-17	保護者の立場から	66

◎ step 3　特別支援教育の風景──実践に向けてのステップ
──────────────○学びの視点　68

7　多様な教育ニーズに対応する特別支援教育──それぞれの風景

7-1	幼稚園の風景	69
7-2	小学校通常の学級の風景	70
7-3	小学校特別支援学級の風景	71
7-4	通級指導教室の風景	72
7-5	中学校特別支援学級の風景	73
7-6	特別支援学校幼稚部の風景	74
7-7	特別支援学校小学部の風景	75
7-8	特別支援学校中学部の風景	76
7-9	特別支援学校高等部の風景	77
7-10	高等学校の風景	78
7-11	特別支援教育コーディネーターの役割	79
7-12	教育センターで出会う子どもの姿から	81

8　実践を積み重ねるために

8-1	体験学習（ボランティア活動）をしよう	83
8-2	教育実習で学ぶこと	84

9　教育技術の向上を目指して

9-1	授業づくりで大切にしてほしいこと	85
9-2	教材研究の大切さ	87

10　学び続ける教員になるために　88
11　特別支援教育を学ぶあなたへ　89

特別支援教育を学ぶあなたへおすすめの本　91
あとがき　92
編著者・執筆者紹介　94

装丁＋イラスト＋本文基本デザイン　アトリエ・プラン

この本における《アクティブラーニング》の捉え方

アクティブラーニングで学ぼう！

本書は、各章の項目ごとに「アクティブラーニング」のコーナーを設け、読者のみなさんが主体的に学ぶことができるようにしています（コーナーには《Active learning》の頭文字《AL》に基づくのマークが付いています）。

　特別支援学校では、児童生徒の自立と社会参加を目指して、障害のある児童生徒一人ひとりの実態にあわせた教育支援が行われています。そこには、日々の教育実践に奮闘しながら、子どもたちと共に学び、成長している教員の姿があります。
　あなたは、どんな教員になりたいと考えていますか？
　将来、教員になった自分を想像しながら、学んでほしいと思っています。授業ではたくさんの知識や技能が習得できるでしょう。その学びを積み重ねて、特別支援学校の教員になるための準備をしてください。
　心と頭を働かせながら、障害のある子どもへの教育支援のあり方、障害のある子どもの育ちを支える教員の役割を考察していきましょう。学びの過程では、あなた自身の学習課題が明確になってくると思います。
　コーナーでは、学習を深化・発展させるための方法を提案しています。授業で学んだことを授業外にもつなげ、個々の学習ニーズに合わせた主体的な学習活動をすすめてください。

［授業内］
　講義を受ける、考える、ノートに書く、仲間と共有する、仲間と議論する、体験学習（ロールプレイ、疑似体験、教材研究の体験、授業プログラムの企画・立案）、模擬授業実践、教育実習、ふりかえり等
［授業外］
　福祉ボランティア活動、学校体験、障害児支援活動への参加、地域貢献活動・ボランティア活動等

Active Learning

◀心を動かして考えよう（ハートマーク）
　自分の気づき・考えを大切にしながら学びましょう。「障害のある子どもの支援者になる」ということをイメージしながら、学んでいきましょう。
　「どんな教員になりたいか」「そのために学ぶことは何か」を問いかけながら学んでいきましょう。

◀書く活動をしよう（えんぴつマーク）
　自分の考えを書いてみましょう。書くことによって新たな気づきが生まれることもあります。ノートを準備して、心を動かして考えたことを、つづってみましょう。グループワークの時は、自分の考えを整理した上で参加できるように準備しましょう。

◀学ぶ仲間と語ろう（グループワークのマーク）
　グループワークは、仲間との学び合いのチャンスです。他者の意見や考えに耳を傾けることを大切にしましょう。

◀文献・資料を読もう（ブックマーク）
　関心があることや興味があることが見つかったら、本や論文をできるだけ読んでいきましょう。また、新聞、インターネット、その他の資料などで、必要な情報を得ましょう。

◀人に教えよう・伝えよう（誰かに伝えているマーク）
　自分の考えや、感じたことを、人に伝える活動をしてみましょう。また、「伝える」「教える」ということは、教員のスキルとして重要です。自分自身が学んだことを、人に教えたり、伝えたりする活動をしてみましょう。

◀体験してみよう（積極的な体験学習のマーク）
　この本では、「体験学習」を重視しています。大学生のうちに多くの体験を積み重ねてください。教育や福祉の現場に行って、障害のある子どもや教員・支援者に出会ってください。授業づくりの実践にもチャレンジし、障害のある子ども一人ひとりの実態に合わせた教育支援のための方法を、体験的に学びましょう。

Active Learning

特別支援教育を学ぶまえに

STEP 1

学びの視点

　あなたは、なぜ特別支援教育を学びたいと思いましたか？
　どんな教員になりたいですか？
　障害のある子どもの教育に日々携わる教員は、子どもにどんなまなざしを向けながら教育実践を行っているのでしょうか？

　STEP1では、特別支援教育の現場で活躍する教員の声を紹介します。特別支援教育に携わる教師像をつかんでいきましょう。
　アクティブラーニングでは、「自分の持つ教師像」や「障害のある子どもたちの教育支援にかかわる教員の資質」について考え、学ぶ仲間と共有をしていきます。
　障害のある子どもたちにかかわる教員の専門性についてイメージするはじめの一歩をふみだし、「私はこんな教員になりたい」という理想像を持ちながら学んでいきましょう。

あなたはなぜ特別支援教育を学ぶのですか

大学生の声

「小学校の時に、特別支援学級に在籍していた同級生がいました。その同級生の担任の先生がとっても素敵な先生で、その先生と一緒にいる同級生の笑顔や生き生きした表情が印象に残っています。私は、その先生に対してあこがれを持っていました」(大学2年、女子)

「父親が中学校教員で、幼い頃から、生徒たちのためにがんばっている親の姿を見てきました。その父親が、ボランティアで障害のある生徒の陸上指導をしているところについていったのがきっかけです」(大学2年、男子)

特別支援学校教員を目指す大学生の声です。

このように、学生に教職課程を選択した理由を尋ねると、それぞれの「思い」を発信してくれます。その「思い」を持つきっかけとなった出来事や経験があるのです。

その経験の中には、障害のある子どもに対する周囲のまなざしに違和感を持った経験や障害者に対する差別・偏見を感じたことがある学生もいます。

また、障害のある兄弟姉妹のいる学生は、家族として感じてきた経験を学びにつなげています。

それぞれの動機や思いを大切にしながら、理想の教師像を描いていきましょう。

  あなたはなぜ特別支援教育を学ぶのですか？
自分の考え・思いを整理し、学ぶ仲間と共有してみましょう。

02 特別支援教育の現場
―― 子どもの育ちを支える教員の姿から ――

Active Learning

「生徒の成長の可能性を日々感じています」

そう語ってくれるのは、特別支援学校の教員になって7年目の文子先生です。

文子先生は、現在、特別支援学校高等部教員として日々、生徒たちの教育に携わっています。

文子先生に、子どもの育ちを支えるためにどんなことを大切にしながら、日々の教育実践に臨んでいるか聞いてみました。文子先生のメッセージから感じたことをノートに書いてみましょう。また、特別支援教育について知りたいことや、学んでみたいことについて箇条書きで書いて、仲間に伝えましょう。

《大切にしていること》── メッセージ①

保護者あっての学校教育ですので、保護者とのつながりを大切にしています。学校での成長や心配事などはお伝えし、気になることはお聞きしています。

保護者とのやりとりの中から、家庭での様子や願いを聞き取ることもでき、子ども理解につながっています。

また、子どもの目線に立ってかかわることも大切にしています。

「〇〇したから、〜ができたね！」「こうしたらもっとよくなると思うよ」

など、子ども自身の行動を言語化してほめたり改善を促したりするようにしています。

さらに、卒業後の生活に向けて、挨拶や返事、感謝の気持ちを自分なりの方法で、誰にでも伝えられるなどのコミュニケーション力の向上のために、手本が示せるように、日々のかかわりの中で心がけています。

《教員に向いている人は》── メッセージ②

まず、子どもが好きだということが、いちばんだと思います。また、働く中で、保護者や関係機関、複数の教員との協働することが多いので、人とかかわることが好きだということも必要だと思います。

特別支援学校に在籍する子どもたちの実態は様々で、子どもの数だけかかわり方があると、日々感じています。そのため、様々な角度から物事をとらえて指導内容やかかわり方を考える柔軟性が大切だと思います。

　また、理解や成長がゆっくりな子どもの力を信じて寄り添い、子どもの目線に立って考え、一緒に喜び、時には挑戦し、教員になってからも学び続ける向上心を常に持ち続けられる人であれば、子どもとのかかわりが充実したものになり、やりがいを持って働くことができると思います。

《大学生の時に経験しておくこと》──メッセージ③

　私自身、障害児施設や学校でのボランティアを通して現場に触れ、様々な人とかかわる中で視野を広げることができました。また、子どもとかかわる楽しさや保護者の愛情の深さを知り、特別支援教育に携わりたいという思いが確かなものになりました。

　アルバイトでは、相手を考えて働く大切さや、やりがいをもって働くことの楽しさを学び、社会人になったいまでも、その経験が生きています。

　社会人として輝くための準備期間として、ボランティアやアルバイトなど、様々なことに挑戦してほしいと思います。

03　障害のある子どもの育ちを支える教員の専門性

一人ひとりの子どもに向き合うこと

　長年にわたって特別支援学校教員を経験されてきた山下先生は、次のように語ります。
　「どんなに教員の経験を積んでも、初めて出会う子どもと家族から学ぶ姿勢を忘れてはいけない」
　同じ障害名を持っていたとしても、一人として、同じ子どもはいません。
　山下先生は、「児童生徒への理解がなければよい教育は成り立たない」と言います。そのために日々子どもと向き合い、教材研究（→Step3、9-2）をしながら、子どもたちのための授業や支援について考えていたそうです。
　一人ひとりの子どもに向き合うために、教員はどんな努力をしているのでしょうか。また、どんな知識や技能が必要になるのでしょうか。

理解をもとにした子どもへの教育支援

　障害のあるなしにかかわらず、子どもには教育が必要です。よい教育を受けることで子どもの成長発達が促されます。学齢期に、学ぶことの楽しさを味わうことのできた子どもは目覚ましい成長をみせてくれます。
　新しいことにチャレンジするにも教育が必要になります。どんな教員と出会い、どんな教育を受けるかが子どもの発達に影響を与えます。特別支援教育に携わる教員は、障害の特性、発達段階、生理・病理・心理など、子どもの理解の方法を知っておく必要があります。
　また、理解をもとにした教育内容や教育方法を考えていく知識・技能も、習得しておかなければなりません。教員として必要な能力や資質も、兼ね備えなくてはいけません。そのために学ぶことはたくさんあります。学ぶ方法もたくさんあります。
　次のStep2では、特別支援教育の知識・技能を学ぶための導入としての情報を提供します。この学びをきっかけとして、自ら学びの世界を広げる努力をしてください。

家族支援

　先ほど紹介した山下先生の言葉や、文子先生の言葉（→Step1、1）に「家族から学ぶ」という大切なメッセージがありました。

　将来、担任を持つことになったら、子どもの家族から教えてもらうことが、たくさんあるでしょう。これまで家族がどんな思いで育ててこられたのか、どんな支援を必要としているのかなど、家族の思いや願いに耳を傾けることが重要です。

　そして、担任として子どもにどんな教育支援をしていけばよいか、教員の専門性を発揮させつつ、家族と共に子どもを育てることが大切です。

　家族にとって子どものよき理解者である教員、新しい学び（チャレンジ）を与えてくれる教員、家族の話に耳を傾けてくれる教員の存在は、日々の子育てを支えてくれます。

　障害のある子どもと家族をまるごと支援できる教員になるためには、どんな資質・能力が必要になってくるでしょうか。

　これから学びを深める過程で考えていきましょう。

　　特別支援教育に関する書籍を探してみたり、文部科学省のホームページを閲覧したりしましょう。
　　特別支援学校に出向き、教員や子どもたちと出会いましょう。
　　障害のある子どもの育ちを支える教員の専門性について、思いつくことを付箋に書き、仲間と共有（グループワーク）してみましょう。

特別支援教育を学ぶあなたへ
―― 知識・理解を深めるために

STEP 2　学びの視点

　Step2は、特別支援教育の知識・理解を深めていくための導入編です。

　特別支援教育に携わりたいという気持ちを大切にしながら、自分自身の学び方を開拓しましょう。

　障害のある子ども理解に必要な「障害児の心理」については、発達心理学・心理学の分野から理解を深めるポイントを整理しています。あくまでも導入編なので、ここから学びを広げてください。

　次に、特別支援教育を学ぶあなたに学んでほしい内容を、様々な専門分野から発信していきます。

　アクティブラーニングでは、関心を持った分野の書籍や論文を読むことはもちろん、実際に、支援の現場に足を運んでください。

　学びの世界を広げるのはあなた自身です。チャレンジしていきましょう。

04 特別支援教育のいま

「特殊教育」から「特別支援教育」へ

　学校教育法の一部が改正され、平成19(2007)年度より「特別支援教育」がスタートしました。
　障害の種類や程度に応じて、盲・聾・養護学校や特殊学級といった特別の場で指導を行う、それまでの「特殊教育」から、障害のある子ども一人ひとりの教育的ニーズに応じて適切な教育的支援を行う「特別支援教育」に転換されたのです。その背景には、障害の重度・重複化や多様化が挙げられます。
　特に、障害の多様化について、特殊教育では支援の対象として挙げられていなかった、

- LD（学習障害）
- ADHD（注意欠如・多動症）
- ASD（自閉スペクトラム症）

などの「発達障害」のある子どもへの支援の充実が、重要な課題となっています。

特別支援教育とは

　特別支援教育とは、文部科学省（2007年）の定義では以下のとおりです。

> 「障害のある幼児児童生徒の自立や社会参加に向けた主体的な取組を支援するという視点に立ち、幼児児童生徒一人一人の教育的ニーズを把握し、その持てる力を高め、生活や学習上の困難を改善又は克服するため、適切な指導及び必要な支援を行うものです」※

　特別支援教育が行われる場としては、特別支援学校や小・中学校に設置される特別支援学級、通級指導教室だけでなく、通常の学級も含まれます。
　現在、通常の学級において知的発達に遅れはないものの、学習面や行動面で著しい困難を示すと教員に判断される児童生徒の割合は、6.5％と報告されており（文部科学省、2012）、こうした通常の学級に在籍する特別な教育的支援を必要とする児童生徒に対しても、適切な指導と必要な支援を行っていくことが求められています。

※文部科学省ホームページより

「個」に応じた支援

障害のある子ども一人ひとりの教育的ニーズに応じて適切な教育的支援を行うためのツールとして、「個別の教育支援計画」と「個別の指導計画」があります。名前は似ていますが、内容は異なります。

【個別の教育支援計画】
　ほかの機関との連携を図るための長期的な視点に立った計画のこと。

【個別の指導計画】
　子ども一人ひとりに指導を行うためのきめ細かい計画のこと。

これらの計画の作成は、特別支援学校においては義務化されており、通常の学校においても必要に応じて作成することとなっています。

特に、「個別の指導計画」では、障害のある子どもの状態や特性、学習面や行動面の課題、好きなことや得意なことなど、様々な情報を収集し、個に応じた指導目標や指導内容、指導方法を細かく計画していきます。

そして、その指導の成果を定期的に評価し、改善につなげていきます。今後、小・中学校等の特別支援学級や通級指導教室において、こうした計画の作成が義務化される動きもあります (教育再生実行会議、2016年)。

インクルーシブ教育と「合理的配慮」

近年、障害のある者と障害のない者が共に学ぶ仕組みである「インクルーシブ教育」システムの構築が進められています。

そして、インクルーシブ教育（→Step2、6-1）システムを構築するためには、「合理的配慮」の提供が必要となります。

合理的配慮とは、中央教育審議会初等中等教育分科会の報告 (2012年) によれば、以下の定義となります。

> 「障害のある子どもが、他の子どもと平等に『教育を受ける権利』を享有・行使することを確保するために、学校の設置者及び学校が必要かつ適当な変更・調整を行うことであり、障害のある子どもに対し、その状況に応じて、学校教育を受ける場合に個別に必要とされるもの」※

※文部科学省ホームページより

つまり、特別支援教育で大切にされる障害のある子ども一人ひとりの教育的ニーズに応じた支援こそ「合理的配慮」にほかならないのです。
　こうした意味においても、特別支援教育の推進は、今後ますます重要になります。特別支援教育は、障害のある幼児児童生徒への教育にとどまらず、障害の有無や、その他の個々の違いを認識しつつ様々な人々が生き生きと活躍できる共生社会の形成の基礎となるものであり、我が国の現在及び将来の社会にとって重要な意味を持っているのです（文部科学省、2007年）。

　　　　「特殊教育」と「特別支援教育」の違いについて、文献などを使って調べてみましょう。
　　　　あなたの住む県の教育委員会のホームページを閲覧し、特別支援教育の推進のための具体的な取組を調べてみましょう。

　　　　「共生社会」とは、どのような社会でしょう？　障害のある子どもの教育支援の充実も含めて考え、学ぶ仲間と共有しましょう。

05 子ども理解のために

≫ 5-1　知的障害のある子どもの心理とかかわり方

　知的障害は、物事の関係を推測する、直面する問題を解決する、抽象的な事柄について理解するといった知的機能と、社会生活を送る上で必要な能力である適応機能の障害だと定義されています。

　これらの知的機能と適応機能の障害があるために、知的障害のある子どもは学校生活や日常生活の中で様々な困難さに直面しています。知的障害のある子どもには、様々な心理的な特徴が指摘されています。以下では特に、知的障害のある子どもの「学習」と「記憶」の2つの面についてまとめていきます。

「学習」について

　まず1つめの「学習」についてです。知的障害のある子どもは、抽象的な事柄を理解するのが困難であることが知られています。抽象的な事柄を理解するためには、異なる対象物に共通する複数の特徴を見つけ、それらをまとめる力が必要になります。知的障害のある子どもは、こうした異なる対象物から共通した複数の特徴を見いだすのが困難であることが知られています。

　また、この困難さによって、知的障害のある子どもは、自分の考えていることや、感じていることを表現することに苦手さを持っていることも知られています。

「記憶」について

　次に、「記憶」についてです。様々な事柄を記憶することは、私たちが円滑に日常生活を送るために不可欠ですが、知的障害のある子どもにおいては、特に短期記憶の面に特徴があることが知られています。具体的には、記憶した事柄を思い出す（検索する）までの時間がかかること、記憶した事柄を覚えておく（保持する）時間が短いこと、記憶する事柄を覚えておくための工夫（記憶する事柄を反復する等）を、自発的に行わないことなどの特徴です。

　これらの特徴があるため、知的障害のある子どもは、一度覚えたことがなかなか定着していかないという困難さも抱えています。

子どもが伝えたいことを思い出すまでの時間を十分にとる

　これまでに述べた知的障害のある子どもの特徴を踏まえると、教員や支援者は、子どもが抽象的な事柄を理解できるように、異なる事柄の共通した複数の特徴に注目させるような声かけを行うことが重要になります。

　このようなかかわりによって、子どもが考えていることや感じていることを、より正確に伝えることができるようになると考えられます。

　また、このようなやりとりを行う場合、子どもの記憶面についての配慮も重要です。子どもが伝えたいことを思い出すまでの時間を十分にとる、子どもが伝えたいことを思い出すのを助けるような手がかりを示す、といった子どもの記憶の想起を補うかかわりも行うと良いと考えられます。

　このようなかかわりによって、子どもとのやりとりが円滑に行うことができるのみならず、子どもが記憶したものの定着にもつながると考えられます。

　また、子ども自身も、伝えたいことが伝えられる経験を重ねられるため、自己肯定感を得ることができると考えられます。

　　知的障害のある子どもの心理について、もっと詳しく知りたい人には、次の文献がおすすめです。読んでみましょう。
　　〇小池敏英・北島善夫『知的障害の心理学―発達支援からの理解』（北大路書房、2001年）

　　知的障害のある子どもの記憶を補う手がかりとして、どのようなものを用いればいいでしょうか？　みんなで話し合ってみましょう。

　　放課後等デイサービスにボランティアとして活動し、知的障害のある児童生徒との具体的なかかわりを通して理解を深めましょう。

≫5-2　肢体不自由の子どもの心理とかかわり方

　「肢体不自由」とは、両腕や両脚、そして、胴体の永続的な運動機能障害がある状態を言います。これらの運動機能障害があるために、肢体不自由のある子どもは、姿勢の維持、移動や運動、日常の生活動作に困難さを抱えています。

　また、これらの困難さは、子どもの認知的な発達と社会情緒的な発達にも影響を与えることが知られています。以下で、それぞれ詳しく述べていきます。

「認知的な発達」について

　まず、1つめの認知的な発達についてです。子どもは自分の身体を支えながら、対象物に対して移動することによって、自分と対象物との位置関係や対象物の見え方の変化を学びます。また、対象物を手指で操作することによって、その物の詳細な情報を得ていきます。

　したがって、姿勢の維持や移動運動に困難さがある場合、対象物がどのような位置関係にあるのか、対象物がどのように見えるのかなどの、視空間認知の発達が十分に促されないことが考えられます。また、手指の動きに困難さがある場合には、対象物の詳細な情報を理解するなどの概念理解の発達が十分に促されないことも考えられます。

「社会情緒的な発達」について

　次に、社会情緒的な発達についてです。子どもは、周りの大人や友だちと遊びや活動を共有することによって、自分の行動や気持ちを調整することを学び、他者との円滑な関係を築きます。また、自分の行動によって対象物や周囲の環境を変化させることを通して、自分に対する「有能感」（自分に能力があると感じること）を獲得していきます。したがって、肢体不自由があることによって、周囲の大人や友だちと遊びや活動を共有する経験が蓄積されない場合、自分の行動や気持ちを調整することに困難さを抱えて、他者との円滑な関係を築くことができないことが考えられます。

　また、肢体不自由があることによって、周囲の大人が子どもの日常生活に必要な活動の多くを行う場合、子どもは、自身の「有能感」を十分に得ることができないことも考えられます。

子どもの自発的な興味や感情を考慮する

　これまでに述べた肢体不自由のある子どもの心理的な特徴を踏まえると、まず、教員や支援者は姿勢の維持や移動・運動、手指の操作を補償し、多くの生活経験を蓄積させることが求められます。このようなかかわりによって、子どもは視空間認知や様々な概念理解を発達させていくことができます。

　しかし、このようなかかわりを行う際に注意しなければならないこととして、子どもの自発的な興味や感情を考慮するという点が挙げられます。

　なぜなら、たんに子どもの姿勢の保持、移動運動、手指の操作を補償するのみでは、子どもが周囲の大人や友だちと活動を共有することや「有能感」を得ることが十分にできないからです。

　そのため、子どもとのやりとりを通して、子どもの自発的な興味や感情を尊重するかかわりが必要になります。

　この点に留意することが、子どもの社会情緒的な発達を促すことにつながっていくと考えられます。

Active Learning

　肢体不自由のある子どもとのかかわりについて、もっと詳しく知りたい人におすすめの書籍です。読んでみましょう。
○安藤隆男・藤田継道『よくわかる肢体不自由教育』(ミネルヴァ書房、2015年)

　肢体不自由のある子どもの自発的な興味や感情を尊重するかかわりとは、具体的にはどのようなものでしょうか？　みんなで話し合ってみましょう。

　特別支援学校や、放課後等デイサービスで、肢体不自由の児童生徒の支援を通して理解を深めてみましょう。

≫ 5-3　病弱の子どもの心理とかかわり方

　病弱の子どもたちが学ぶ場は、その病気の程度や生活の制約に応じて、病院内に併設された特別支援学級（院内学級）、特別支援学校、一般の小中学校と様々です。

苦痛や不快感とつきあっていく

　病気が慢性のものである場合、子どもであっても自分の病気について理解し、病気を克服するための、あるいは健康状態を維持・改善するための生活習慣を確立する（セルフケア）必要があります。また、子どもといえども病状からくる痛みや倦怠感（けんたい）、治療や服薬に伴う苦痛や不快感とつきあっていく忍耐や根気強さが求められます。

　病状が好転してゆく場合には、治療意欲も高まりますが、改善しないような場合にはイライラや絶望感にとらわれることもあるでしょう。また、進行性の病気の場合などは、死や命についての日々強くなる不安や、以前できたことが今日はできなくなっているという不安やいら立ちを抱えつつ生活しています。

子どもの「罪責感」を理解する

　また、子どもは病気になった原因が細菌やウイルスなど外的なものであることは知っていても、どこかで「自分が病気になったのは、何か悪いことをしたからだ」「罰（ばち）が当たった」という考えを持つこともあります。

　教員や支援者は、まずは、このような子どもたちが抱えている不安やいら立ち、「罪責感」（ざいせきかん）（自分の行いに罪があるとして自分自身を責める感情）について理解しておくことが必要です。ターミナルケアに移行する場合など、支援者も厳しい現実に寄り添っていく精神力が要求されます。

　あるいは、病状が安定していて、特別支援学校や一般の小中学校に通っている子どもの場合は、運動や行事など学校生活のいろいろな場面で、健康な子どもと同じ活動ができないことに、疎外感や劣等感を感じることもあります。

　あるいは、教員や保護者が、病気への配慮から制限を大きくしすぎて、子ども本人の「自己効力感」（こうりょくかん）（自分がこれから行うことが効果的に働くと確信できる感情）を低めてしまうこともあるかもしれません。

病気の経過や現状について保護者からていねいに聞く

以上のような子どもの心を理解した上で、教員や支援者は、まずは、子どもが、自身の病気やそこからくる生活様式、習慣を受容することを促すことが必要でしょう。

教員は病気の特性からくる禁忌事項をきちんと把握しておくことが大切で、そのためには保護者から病気の経過や現状について、ていねいに話を聞いておくことも大切です。その上で、できる限り本人が自分でできることや、集団活動にも参加できることについては、体験させることも重要です。

また、学校では安心して参加できる集団構成や活動内容を工夫し、病弱の子どもが、他の子どもたちと共に活動して、充分なコミュニケーションを取れるような場を提供することが必要です。

そうした体験を通して、子どもは達成感や自信を持つようになります。それがさらに本人の自己効力感を高め、、生活全般への積極性と、病気を克服する意欲にもつながっていくものと思われます。

Active Learning

病弱の子どもの生理や心理について、もっと詳しく知りたい人におすすめの書籍です。
○小野次朗・西牧謙吾・榊原洋一編『特別支援教育に生かす 病弱児の生理・病理・心理』（ミネルヴァ書房、2011年）

「セルフケア」「ターミナルケア」について調べてみましょう。
特別支援学校における「病弱教育」の現状や課題について、ホームページで調べたり、現場の教員に「病弱」の子どもへの理解や、支援の実際について聴いてみましょう。

近くに院内学級があれば、訪問してみましょう。

≫5-4 視覚障害のある子どもの心理とかかわり方

　視覚障害とは、視力や視野といった、物を見るための機能に障害があるため、全く見えない、もしくは見えにくさを抱える状態を指します。

　視覚障害のある子どもは、見ることの困難さのために、移動すること、コミュニケーションをとること、身の回りを整理することにも困難さを抱えることが知られています。ここでは視覚障害のある子どもの心理発達について述べていきます。

「触れること」に対して抱いている不安や抵抗

　視覚障害のある子どもの発達を考える上で、触覚の発達は重要な視点になります。子どもは目で捉えた物に対して手を伸ばし、触れることによって、その物に関する様々な情報を収集していきます。

　しかし、視覚障害のある子どもの場合、自分が触れたい物を目で捉えることに困難さがあります。そのため、物に触れることに対して不安感や抵抗感を抱き、なかなか積極的に物や人に触ろうとしないことが多くあります。

　そこで教員や支援者は、子どもが物に触れることに対して抱いている不安感や抵抗感を、適切にアセスメントすることが重要になります。

実態を伴わないことば

　また、視覚障害のある子どもにおいては、ことばの発達についても特徴的な点が知られています。その中でもひんぱんに指摘されるのが「バーバリズム」（barbarism）という特徴です。バーバリズムとは、実態を伴わないことばを使うことを指します。先天的な視覚障害のある子どもは、色や明るさ、手では触れることのできない大きな建物や、目には見えない小さな生物の形を十分に知ることができないままにことばを理解するため、実態を伴わないことばを多く話す傾向がみられます。

　このようなことばの使用によって、自分の考えや気持ちとは異なる意味で相手に伝わってしまうなど、相手とのコミュニケーションに困難さを抱える場合があります。そのため、教員や支援者はバーバリズムを防ぐようなかかわりが求められます。

触ろうとする物や人の適切な情報をガイドする

いま述べた視覚障害のある子どもの心理発達の特徴をふまえると、教員や支援者は、子どもが物を触ろうとする際に抱く不安感や抵抗感を軽減するためのかかわりが重要になります。

例えば、声かけなどの音声によって、触ろうとする物や人の適切な情報をガイドするなどのかかわりが考えられます。

このようなかかわりによって、子どもが「触わることの楽しさ」を感じられるようになると、自発的に物に触ろうとする態度が芽生えていくとともに、自らの世界を広げていくことにつながります。

また、ことばの面について、教員や支援者はバーバリズムを防ぐような、つまり、視覚で直接捉えられない物、現象や動作とことばとを結びつけるかかわりが求められます。

例えば、様々な場所に出かける、手で触れられない大きさの物を拡大・縮小した模型を用いる、などのかかわりによって、視覚で直接捉えられない物、現象や動作とことばとを結びつけることが考えられます。

Active Learning

視覚障害のある子どもとのかかわりについて、もっと詳しく知りたい人におすすめする文献です。
〇芝田裕一『視覚障害児・者の理解と支援』（北大路書房、2015年）

視覚障害の児童生徒が用いる点字の教科書や教材を見てみましょう。
視覚障害者の方から、どのような教育を受けてきたか聴いてみましょう。

視覚障害のある子どもの学びを助ける模型として、どのようなものを用いれば良いのか話し合ってみましょう

≫5-5 聴覚障害のある子どもの心理とかかわり方

　聴覚障害とは、周囲の音や話しことばが聴こえにくい、もしくはほとんど聞こえない状態をさします。このことによって、聴覚障害のある子どもは様々な困難さを抱えています。その中には、ことばや文を学習することのみならず、行動を調整することや他者とコミュニケーションをとることの困難さなどが含まれます。

認知面、感情面、行動面、それぞれの障害

　ことばや文を学習し始める時期から聴覚障害がある場合、ことばの発音やことばの意味を理解することに困難さを抱えます。また、そのことによって、ことばを相手に伝えること、ことばを使って自分の記憶や考え、気持ちを整理すること、ことばによって自分の行動を調節することなど、認知面、感情面、行動面の様々な部分で障害の影響を受けます。
　そのため、教員や支援者は、単に子どものことばについてだけでなく、認知面や感情面、行動面についても配慮する必要があります。
　ことばを学習した後の時期に聴覚障害が生じる場合においても、相手の考えや気持ちを理解することに困難さを抱えることや、相手からの話しかけを聞き逃すことによって、無視される、いじめられることがしばしばあります。また、自分の思いを相手に伝えることに困難さを抱えることによって、疎外感を味わうことも考えられます。これらによって、友だちや周囲の人との関係を築くことや関係を維持することが難しい場合が多くみられます。
　教員や支援者は、子どもがクラスで孤立していないか、いじめられていないかなど、集団への適応面に対しての配慮が求められます。

聴力以外の側面にていねいにアセスメント

　その一方で、これらの困難さや聴覚障害が与える影響は極めて個人差が大きいことも知られています。そのため、上に述べた聴覚障害のある子どもの特徴をふまえながらも、子どもそれぞれの生育歴、認知面、感情面、行動面、パーソナリティなど、聴力以外の側面についても、ていねいなアセスメントが重要になります。

テクノロジーをうまく利用する

　いま述べた聴覚障害のある子どもの心理的特徴をふまえると、まず、ことばの学習がかかわりの中で重要になります。話しことばや書きことばをはじめとして、指文字や手話などの学習を支援する必要があります。

　それらの支援とともに、語彙を増やすことや、文章を理解することに対しての支援も重要です。近年は、タブレット端末を利用したことばの学習等も行われているので、そうしたテクノロジーをうまく利用することも大切です。

　また、聴覚障害のある子どもの対人関係を考えると、聴覚障害がある子どもと友だちや周囲の人とのやりとりを助けるかかわりとともに、友だちや周囲の人の障害理解を深めるかかわりも重要になります。

　学校生活を通して、理解が深まるようなかかわりができるように、教育支援を行うことが大切になります。

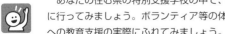

　聴覚障害教育や、手話等の本を読んでみましょう。
　　○中野善達・根本匡文『聴覚障害教育の基本と実際』（田研出版、2008年）
　聴覚障害のある子どもが使う手話や指文字が、どのようなものか調べてみましょう。

　あなたの住む県の特別支援学校の中で、聴覚障害教育の実践をしている学校に見学に行ってみましょう。ボランティア等の体験を通して、聴覚障害のある幼児児童生徒への教育支援の実際にふれてみましょう。

≫ 5-6 自閉症スペクトラム障害のある子どもの心理とかかわり方

自閉症スペクトラム障害とは、「相手とのコミュニケーションをとることの困難さ」と、「こだわり行動や繰り返しの行動」の2つを特徴とする障害だとされています（→Step2、6-3）。

これらの自閉症スペクトラム障害のある子どもにおける行動面の特徴の背景について、その心理面に焦点を当てた多くの研究が行われてきました。

相手の「こころ」を理解することが難しい

自閉症スペクトラム障害のある子どもの心理面において、最もひんぱんに指摘されているのが、相手の「こころ」について理解することが難しいということです（『心の理論』S.バロン=コーエンら、1985）。この「こころ」の中には、相手の気持ち、意図、好み、知識、信じているもの、など様々な側面が含まれます。

私たちは、相手の「こころ」の状態に応じて、気を使ったり、譲ったり、主張したりとやりとりを深めていきます。自閉症スペクトラム障害のある子どもは、相手の「こころ」を理解することが難しいために、相手に対して関心を示さない、相手の意図を十分に読み取れない、相手に対して不適切な発言をしてしまう、などの相手とのコミュニケーションにおいて不適切な行動をとってしまうことが指摘されています。

見通しを持つことことが難しい

また、自閉症スペクトラム障害のある子どもにおいては、見通しを持つことの難しさも指摘されています。見通しを持つことは、様々な活動をスムーズに行うことはもちろんのこと、活動から活動へ移行する際に非常に重要になります。自閉症スペクトラム障害のある子どもは、次にしなければならない行動の見通しを持つことが困難なため、こだわり行動を示したり、急な予定の変更やいつもの習慣が崩れることに対して、パニックになることがあります。

そして、これらの行動面や心理面の特徴があることによって、自閉症スペクトラム障害のある子どもは、他の子どもからのからかいやいじめの対象になる場合もあります。こうした他の子どもからのからかいやいじめによって、不安症状や抑うつ症状を示す子どもも多くいることが知られています。

心理面の特性をふまえた支援

これまで述べた自閉症スペクトラム障害のある子どもの心理面の特徴をふまえると、教員や支援者は、自閉症スペクトラム障害のある子どもに対して、心理面の特徴を理解し、日常生活の様々な場面でていねいな指導や支援を行うことが必要です。

この際、子どもの発達段階に合わせて、イラストや写真を利用したりするなどし、自閉症スペクトラム障害のある子どもにとってわかりやすい工夫を加えることが大切です。

また、活動の際に自閉症スペクトラム障害のある子どもが見通しを持ちやすいような工夫を行うことも重要です。

例えば、次に行う活動の内容を事前にリストにする、いつ頃活動が終了するかについて、時計を見せながら伝えるなどの工夫が考えられます。

Active Learning

『心の理論』(S.バロン=コーエンら、1985)について調べてみましょう。
　自閉症に関する書籍はたくさん出版されています。いろいろな書籍を読んでみましょう。
　○サイモン・バロン=コーエン著、水野薫・鳥居深雪・岡田智訳『自閉症スペクトラム入門──脳・心理から教育・治療までの最新知識』(中央法規出版、2011年)

　自閉症スペクトラム症の子どもの支援に使われている教材や支援ツールを調べ、実際に作ってみましょう。

　特別支援学校や放課後等デイサービスで、自閉症の児童生徒の支援を通して理解を深めてみましょう。

06 専門分野の立場から

≫6-1 共生社会の実現に向けて──「本当のインクルーシブ」とは

リオ・パラリンピック競泳日本代表の一ノ瀬メイ選手が、TV番組で、「障害」を、「障がい」とひらがな表記する昨今の風潮について、話をしていました。

「障害の『害』がひらがななのが嫌い」

「『害』やから、よくないやろということでひらがなにするって」

「腕がないのが障害なんじゃなくて、それを持って生きていく社会が『害』なんで」

「私からしたら、障害は本人じゃなくて社会やから、ひらがなに直して、勝手に消さんといてほしい」

彼女はどのような思いで、このような話をしたのでしょうか。

ICFにおける医学モデルと社会モデル

実はこの話は、WHO（世界保健機関）が、2001（平成13）年に採択したICF※（国際生活機能分類）の考え方からきています。

ICFでは、人間の生活機能は以下の3つの要素で構成されていると考えます。

・心身機能・構造
・活動
・社会参加

これらの生活機能に支障がある状態を「障害」と捉えなおしています。すなわち、「障害」とは本人と環境との相互作用によって起きるものでもあり、その「障害」を取り除くためには、個人の側の課題解決（「医学モデル」）だけでなく、社会（環境）の側の調整・改善による課題解決（「社会モデル」）こそが重要であるということが示されています。

「インクルーシブ」とは「包括的」のこと

そして、このICFという考え方は、その後、2006年の国際連合による「障害者権利条約」採択へとつながり、世界各国がこの条約への批准（ひじゅん）を行っていきます。

※「International Classification of Functioning, disability and Health」の略。

我が国も2014年に批准し、2016年の「障害者差別解消法」の施行など、福祉、教育も含め様々な関連する法が「共生社会の実現」という大きな目標に向けて動き始めています。そして、その共生社会を形成する教育システムとして、「インクルーシブ教育システム」が提唱されています。
　「インクルーシブ」（inclusive）とは、「包括的」という意味です。
　この言葉は、1994年、UNESCO^{※※}のサマランカ宣言で、初めて国際的に使用されました。宣言では、以下のように記述されています。

> 「インクルーシブ志向をもつ通常の学校こそ、差別的態度と戦い、すべての人を喜んで受け入れる地域社会をつくり上げ、インクルーシブ社会を築き上げ、万人のための教育を達成する最も効果的な手段であり、さらにそれらは、大多数の子どもたちに効果的な教育を提供し、全教育システムの効率を高め、ついには費用対効果の高いものとする」

多様さの価値を認め合うことから

　人はそもそも多様な存在です。その多様さの価値を認め合い、様々な価値を提供したりされたり、または、難しさをカバーしたりされたりしながら学び合い、成長していきます。
　その経験をした人たちが、将来の成熟した「共生社会」を形成する人になるのだとイメージしてみましょう。それは、「障害者」や「健常者」といった、分け隔てる言葉で表現されない新しい未来であるでしょう。
　冒頭で紹介した一ノ瀬選手の言葉をもう一度読んで、あなたが考える「本当のインクルーシブ」についてぜひ考えてみてください。

Active Learning

　「ICF」について文献や資料などで調べてみましょう。
　「インクルーシブ教育」について、文献や資料、文部科学省のホームページで調べてみましょう。

　学校をイメージし、「インクルーシブ教育」について考え、仲間と共有しましょう。

※※「United Nations Educational, Scientific and Cultural Organization」の略。

≫ 6-2　福祉教育と特別支援教育

　共生社会の実現に向けて、障害があるなしにかかわらず、共に生きることのできる社会を構築するために、「福祉教育」という教育実践があります。

　福祉教育は「共に生きる教育」とも表現され、地域や学校ですすめることが求められます。ここでは2つの事例から、共に生きる教育（福祉教育）のあり方について考えてほしいと思います。

学齢期の事例から①――「よしきくん新聞」を交流学級に

　よしきくん（自閉症・知的障害）は、地域の小学校に入学するとき、特別支援学級のクラスになりました。支援学級と交流する学級は、1年1組の25人のクラスでした。交流学級では、生活科と音楽の授業が一緒でした。給食の時間も、週3回一緒に過ごすことになりました。

　よしきくんのお母さんは、よしきくんのことを他の子どもたちに知ってもらうために「よしきくん新聞」を作りました。この新聞は、学期に1回発行され、クラスの保護者にも配布されました。こうして、6年生になった時には、学年全員の子どもたちと保護者が、よしきくんのことを知っていました。

　よしきくんとのかかわりも、子どもたちはとても上手です。卒業写真には、6年1組の仲間と一緒に、笑顔で写真に収まることができました。中学校では特別支援学校に進学したよしきくんでしたが、地域で出会うと、小学校時代の交流学級の友人が声をかけてくれました。

　8年後、よしきくんは成人式に参加しました。集合写真の真ん中でよしきくんが笑っています。お母さんは、「よしきを理解してくれる友人や先生たちがいたから、地域で安心して生活できました」と語ります。

学齢期の事例から②――交流及び共同学習

　A小学校の近隣にあるB特別支援学校では、行事や授業を通して交流を深めてきました。ある年、A小学校の2年生担任の佐藤先生が「交流及び共同学習」の授業を計画するリーダーになりました。

　佐藤先生は、A小学校の子どもたちにとっても、B特別支援学校の子どもたちにとっても楽しい授業にしたいと考えました。そこで思いついたのは、子ど

もたちが大好きな「食べること」「遊ぶこと」を取り入れた授業です。

B特別支援学校の畑で一緒にさつまいもや野菜を育て、交流パーティーをしました。A小学校の体育館で電車ごっこ等、いろいろな遊びを一緒にしました1ヵ月に一度の交流でしたが、3学期にはすっかり交流が深まりました。

学び合い、成長し合える教育環境を準備する

　福祉教育では「障害理解教育」と表現され、健常者が障害について学ぶ学習もあります。このような教育は、目的や方法を吟味しないといけません。

　共生社会の実現のために「インクルーシブ教育」（→Step2、6-1）がすすめられています。

　学校という場で、子ども同士が出会い、具体的なかかわりを通して学び合い、成長し合える教育環境を準備することが、重要だといえるでしょう。

「福祉教育」として実施されている「障害理解教育」には、どんなものがあるか調べてみましょう。

「交流及び共同学習」とはどのような学習でしょうか。
調べた上で、その学習の意義と課題について仲間に伝えてみましょう。

≫ 6-3 教育現場における自閉症スペクトラムのある子どもの教育的支援の可能性

自閉症は「スペクトラム」(Spectrum／「連続していく様子」を指す) と称されているように、知的能力の状況と相まって様々な様相を示します。

すなわち、脳機能の状態が「知的障害重度＋自閉症重度」のようなタイプから、「知的障害無し＋自閉症軽度」のタイプまで、連続的にあるということになるので、どの学校種にも在籍の可能性があります。

そして、その困難さの度合も、周囲の状況に適応できている人もいれば、不適応な状態が行動上の問題につながっている人まで、様々です。

それぞれの「困難さ」を理解するということ

また、その脳機能の特性の上に、個人の性格や嗜好、周囲の環境も大きく影響してくるため、示される困難さは、より多様になります。

そのため、学校現場における教育的支援を考えていく際には、その子の困難さは何か、どんな場面で困難さが生じているのか、その原因をどう見立てるか、どうすればその困難さを解消していけるのかなど、その子の困難さに着目して、指導・支援の方向性を考えていくことが重要になります。

ところが、実際の指導の際、自閉症のない人たちの制度や文化、方法に、無理矢理に引き込もうとすると、学んでもらうどころか、自傷行為に発展してしまうような状態にさせてしまうことが、往々にして起こってしまいます。これは、教員の側がつくり出している障害ということになります。

そこで、指導・支援を行う際は何よりもまず、自閉症のある人たちの特性・文化を知り、それに合わせた環境設定や手だてを用意し、提供していかなければなりません。

どうすれば学んでもらえるのか

平成23、24（2011、2012）年度、山口県立山口総合支援学校は、文部科学省委託事業において、「自閉症の特性に応じた、小学部・中学部・高等部を一貫した柔軟な教育課程の編成の在り方」についてまとめています[※]。

この研究は、自閉症の特性からくる困難さを考慮し、学校という環境側の調整・改善に視点を当てて、学校づくりを行っていったものです。

※http://www.yamaguchi-s.ysn21.jp/kenkyuu.html　研究紀要

例えば、「自閉症のある子どもが学びを積み重ねていくことができるようにするために、人はどうかかわるとうまくいくのか？」「どんな物（教材も含む）が有効か？」「どんな場が必要か？」と、授業内容、授業形態、集団設定、支援の手だて、学ぶ場の環境設定等の見直しと共通理解を図りました（下図参照）。

　すでに、自閉症支援で結果を残しているプログラムであるTEACCH（→Step2、6-4）や、PECS（→Step2、6-5）、また、それらのプログラムの土台となっているABA（応用行動分析学）、そして、多くの自閉症当事者や家族の生活を楽にしているコミュメモ（㈱おめめどう）などの支援道具も積極的に取り込み、教育現場で何をどのようにできるのかを実践・検証しました。

　この実践研究を通して、子どもたちは、安心安定の環境と分かる環境設定の中で、コミュニケーションや主体的な思考判断、そして何よりもモチベーションを大切にした授業を展開すると、行動上の問題が減少し、「生きていく力」が身につくことが分かってきました。

「自閉症のある児童生徒への支援の方針」から

1　児童への支援

① **児童の安心、安定を図ります。**
・児童の個性を理解します。
・児童の「わかる」を支援します。

　〇実態に応じて、環境の調整（空間や時間の構造化、視覚支援等）を行います。
　〇必要に応じて行事前に事前学習を行い、内容、順序、時間、目的等を確認します。

② **児童の実態に応じたコミュニケーションを支援します。**
・実態に応じたコミュニケーション手段を考え、提案します。
・コミュニケーション機会のある学校生活を提供します。
・選択や自己決定の機会をもち、表出できたことを支援、賞賛します。

③ **児童の主体性を育みます。**
・学習のモチベーションを児童の実態に合わせて、段階的に考慮します。
・「わかる」支援をし、主体的に行動できたことを支援、賞賛します。
・児童の好きな活動や好きな遊びを理解し、余暇の時間の充実につながる学習を行います。

④ **チャレンジします。**
・課題に対してスモールステップでアプローチし、成功体験の積み重ねで成長を図ります。
・個人から小集団へ、小集団から大きな集団への参加のための取組みを行います。

　〇学級　→　学習グループ　→　学部集会　→　全校集会／行事
　　地域交流（地域交流、学校間交流、居住地校交流、等）

〔出典〕平成24年、山口県立山口総合支援学校「自閉症の児童への支援」

≫ 6-4　TEACCHと自閉症支援

世界的に評価される包括的なプログラム

TEACCH[※](ティーチ)は、アメリカのノースカロライナ大学で開発・運営され、世界中で評価されている自閉症支援プログラムです。1つの療法や技法を指すのでなく、様々なサービスを含んだ包括的なプログラムです。

例えば、診断や療育を行う地域センター、ジョブコーチモデルによる就労支援サービス、行動障害を併せた成人当事者への居住・就労一体型の支援施設運営等を実施しています。

また、学校等と契約し、現場で自閉症児への観察・評価を行いながら、現場職員への指導を行う間接支援を行うことで、各現場が十分自閉症を理解・支援できるように取り組みを実施しています。

我が国の発達障害者支援センターのモデルも、TEACCHの地域センターにあるとされます。

TEACCHの基本原理

TEACCHは、まず自閉症の人のより良い発達を重視します。さらに、自閉症の人の生活全体が可能な限り自立的に豊かなものとなるために、周囲の人との協働を重視します。

近年、自閉症は早期支援によりその影響を軽減させる支援が行われていますが、一方で、その影響を完全に無くすことは困難です。そこで、その人にとって過ごしやすい環境や周囲の理解の促進により、自閉症の人が地域で豊かに安心して生活することを目指しています。

TEACCHが常に大切にしている原理は、以下の通りです。

①家族との協働
②生涯にわたるサービス（成人期に至る一貫された支援）
③全人的な視点（生活全体の支援領域をカバー。個人差に配慮し、支援は必ず個別化する。何より個性的な自閉症の特徴を理解・尊重し、自閉症のやり方で支援を提供する）
④構造化された指導方略を使用する

※「Treatment and Education of Autistic and related Communication handicapped Children」の略。「自閉症及び関連するコミュニケーション障害をもつ子どもたちのための治療と教育」の意味。

Structure TEACCHing（構造化された指導方略）

　TEACCHは、包括的なプログラムです。その中で、意味・概念理解の支援方略として「構造化」という方法があります。

　構造化は、自閉症の人の周囲で起こっていることや期待されることを、その一人ひとりの機能や特徴に合わせ、分かりやすく提示する方法です。

　構造化には、以下の4つの内容が含まれます。

　　①物理的構造化
　　　（教室環境の意味を、家具や敷物等の配置により分かりやすくする）
　　②スケジュール
　　　（見通しを持って生活できるように予定を視覚的に示す）
　　③ワーク／アクティビティ・システム
　　　（一人ひとりが自立的に活動できるように活動内容や量、終了の見通し等の情報を視覚的に示す）
　　④教材の構造化
　　　（課題のやり方を、視覚的に提示する）

　TEACCHは、この方略を学校や支援現場の中に取り入れながら、有意義に学びが進むように支援を展開させています。

　特別支援学校の教員を目指す人には、ぜひ学んでほしい理念や方略です。

療育における構造化された学習場面

Active Learning

　TEACCHに関する書籍や紹介のDVDはたくさん出版されていますので、調べてみましょう。
　　○佐々木正美『自閉症児のためのTEACCHハンドブック』学研プラス、2008年
　　○佐々木正美（監修・文）・宮原一郎（画）『自閉症児のための絵で見る構造化──TEACCHビジュアル図鑑』学習研究社、2004年

　自閉症の子どもが利用する児童発達支援センターや、放課後等デイサービスに行ってみましょう。

≫6-5　コミュニケーション支援とPECS

コミュニケーションについて

コミュニケーションは、人と人とのメッセージのやり取りです。コミュニケーション支援とは、障害のある子ども一人ひとりに合ったコミュニケーションの方法を提供し、日常生活のあらゆる場面でスムーズにやりとりができるようにすることです。

言葉（音声言語）が上手く使えない場合、言葉以外の手段を使うことを、補助・代替コミュニケーション（Alternative and augmentative communication ;AAC）と呼びます。これから紹介するPECSもその指導法の1つです。

PECSとは

PECS※は、日本語で「絵カード交換式コミュニケーション・システム」と言います。自発的に言葉で十分コミュニケーションとれない子どもや大人に、自分から始める機能的なコミュニケーション・システムを教えるために開発された指導法です。1980年代にアンドリュー・ボンディと、ロリ・フロストによってアメリカのデラウェア州で開発され、デラウェア自閉症プログラムの中で使用され始めました。現在では、世界各国で活用されています。

PECSを使っている自閉症スペクトラムの子どもの暮らし

絵カードを使って「○○を　ください」という文章を作り、大人にわたすと、要求にこたえて、欲しい物やしたい活動などを提供してくれます。

「アイスのおかわりを ください」

「ちんげんさいをください」

「ポテトをください」

※「Picture Exchange Communication System」の略。

このように、自分で使えるコミュニケーション手段を持っていれば、どの子も1日を通して、様々な場面で欲しい物、必要な物、したいことを、人に向かって自発的に要求したり、コメントしたりすることができます。

絵カードは言葉、PECSは会話

　PECSは、最初から人や場所、要求するものを変えて一般化を教え、いつでも、どこでも、誰にでもコミュニケーションできるようにすることを目指します。PECSの絵カードは、使う子どもにとって、言葉そのものです。

　その子が必要とする（強化子となる）絵カードを、支援者は準備し、ともにPECSを使ってコミュニケーションすることを楽しむことが大切です。

PECSブック

要求を伝える

要求にこたえてもらう

Active Learning

　PECSの指導法について、具体的に知りたい人におすすめする本を紹介します。フェイズ1から6までの段階に沿って、具体的に効果的に取り組めるよう、詳しく説明されています。特別支援が必要な子どもや大人のために行動分析学(ABA)に基づいて体系的に指導法がまとめられています。

　　○ロリ・フロスト、アンディ・ボンディ著、門眞一郎監訳『絵カード交換式コミュニケーション・システムトレーニング・マニュアル〔第2版〕』それいゆ、2006年

　PECSは、ピラミッド・アプローチの中で実施されている指導法です。下記の本は、特別支援に携わる方や学生、保護者に役立つ専門書です。

　　○アンディ・ボンディ著、門眞一郎監訳『教育へのピラミッド・アプローチ──役に立つABA入門』ピラミッド教育コンサルタントオブジャパン、2016年

≫6-6 発達障害のある子どものためのグループワーク

　発達障害とは、他者とのコミュニケーションに課題を抱える障害です。発達障害のある子どもに対する支援として、他の子どもと一緒に一つの活動を行うグループワークは極めて有効であることが知られています。
　発達障害のある子どもを対象にグループワークを行うことの利点には、子どもの自己理解と他者理解を深めることがあげられます。

発達障害のある子どもにグループワークを実施する利点

　自分について理解することと他者について理解することは、他者とコミュニケーションをとる際の1つの基準になります。
　例えば、「自分はこういうふうに話す癖があるから気をつけよう」と考えたり、「あの人はこういう性格だからこういうふうに話そう」と考えることで、他者とのコミュニケーションが円滑に進んでいくと考えられます。
　発達障害のある子どもは、自己や他者に対する意識が希薄である場合や、他者からの過度な叱責により自己理解や他者理解が偏ったものになる場合があることが知られています。そのため、発達障害のある子どもの自己理解や他者理解を深めることは非常に重要です。
　グループワークは、発達障害のある子どもが自己理解や他者理解を深める上で有効な方法です。なぜなら、グループワークを行うことによって、他者のふるまいや考え方、感じ方を直接目にしたり、耳にしたりすることができ、かつ、それらと自分のふるまいや考え方を比較することができるからです。
　グループワークを進行する教師や支援者は、子どもが他者と自己のふるまいや考え方を意識できるようにかかわることが重要になります。

発達障害のある子どもを対象としたグループワークの実際

　それでは、発達障害のある子どもの自己理解や他者理解を深め、注目欲求や承認欲求を満たすグループワークにはどのようなものがあるのでしょうか？
　ここではグループワークの具体例として、「なんでもバスケット」のグループワークを紹介します。

《なんでもバスケットのルール》
①いすをグループワークに参加するメンバーの人数分より１つ減らして、丸く並べる。
②オニを１人決め、オニは丸く並べたいすの真ん中に立ち、他のメンバーは適当にいすに座る。
③オニは「○○な人！」のように「はい」か「いいえ」で答えられるお題を他のメンバーに投げかける。
④いすに座っている人でお題に当てはまるメンバーはいすから立って、別のいすへ移動する。それと同時にオニも空いているいすに移動する。
⑤最後までいすに座れなかった人が新しいオニとなり、③〜⑤を繰り返す。

《子どもの自己理解・他者理解を深める工夫》
●お題に対して何らかの条件をつけることで、子どもがふだん意識しない側面の自己理解や他者理解を促す。
〔例〕「性格についてのお題」「好きなものについてのお題」
●新しいオニが決まった際に、お題に関する質問を行うことで自己理解や他者理解を深める。
〔例〕「○○さんは、△△な性格なの？」

Active Learning

発達障害のある子どものグループワークについて、もっと詳しく知りたい人は次の文献を読んでみましょう。
○針塚進、遠矢浩一監修『軽度発達障害児のためのグループセラピー』ナカニシヤ出版、2006年

「なんでもバスケット」以外の、発達障害のある子どもとのグループワークの計画をして、学ぶ仲間と実際にやってみましょう。

≫ 6-7　思春期における発達障害支援

　思春期は、一般的に11歳頃から始まります。この時期は、体も心も大人へ向けて大きく変化する時期です。この時期は、体の成長に心が追いつかず、誰もが不安定になりやすい時期でもあるのです。「私は何なのか」「私はどう生きたらいいのか」など自分に直面し、心が大きく揺れ動くこともあります。
　この時期の子どもたちは、急激な自分の変化への戸惑いを感じています。さらに、この時期は、友だち関係も複雑化します。「友だちにどう思われているのか」などを気にしたりする傾向が強くなります。このような時期を経て、大人に近づいていくのです。

発達障害の思春期

　それに加え、発達障害の子どもたちにとっての思春期は、コミュニケーションの苦手さから自分の「思い」を伝えることができなかったり、友だちの「思い」に気がつくことができなかったりと、より複雑な状況に発展してしまうことも少なくありません。発達障害の子どもたちが、自分の良さや友だちとうまくつき合っていく方法を知ることは、この時期にとても大切なテーマといえるのです。

知的な遅れのない発達障害の男子3名の実践

　ここでは、思春期の発達障害の子どもたちを対象としたソーシャルグループの実践を取り上げます。取り上げるのは「麒麟児」というグループです。知的な遅れのない発達障害の男子3名で構成されています。小学校高学年で、通常学級に在籍する子もいますが、特別支援学級に在籍する子もいます。このグループのねらいは、①人とのかかわりを学ぶ、②実生活の中で友だちと経験する可能性のある活動を体験する、というものです。発達障害の子どもだちが出合うであろうテーマを取りあげ、楽しみながら体験するものです。
　「ボーリング」の回を参考に、活動の流れを紹介します。なぜ、ボーリングを活動内容として取り上げるのかというと、これは、グループのねらいの②にあたります。実際の場面やルールを通して学ぶことが、実生活に生かしやすいと考えられるためです。

各回、必ずスケジュールを示します。このスケジュールがあることで、子どもたちは見通しを持って参加することができます。

さらに、ボーリングのねらいを事前に子どもたちと共有しておきます。今日は、どんなことを意識するのかについて共有することで、意識的にかかわりを学ぶ機会を持つことができます。

この回では、「励ます」「相手の良いところをみつける」というねらいを立てました。具体的に励ますタイミングや言葉を考え、実践する機会にします。

ゲームが進むと忘れやすいので、忘れないように見えるところに、各自おいています。

実感を伴う学びを提供する

最後に、ふりかえりの中で、「自分は、今日のねらいができたかどうか」を考えます。ほかの人の良いところに気が付いた子は、メモに残すなどの工夫もします。ふりかえりを通して、自分でできたと思っていることと、教員が見ていてもう少し工夫できるかもしれない点をすり合わせていくのです。

このように、実際の体験を通して、人とのかかわりについて学ぶことで、発達障害の子どもたちに、実感を伴う学びとして提供できるのではないかと思います。

発達障害の子どもたちの思春期のテーマは多岐にわたりますが、その一つひとつを具体的に学ぶことが、将来につながる支援となるように思います。

 Active Learning

 今回の実践紹介にもありましたが、学校生活の中で「人とのかかわり」について、発達障害の子どもたちが学ぶ機会を1つ考えてみましょう。
その場面では、どんなかかわりをテーマにできるか、グループの人たちと話し合ってみましょう。

≫ 6-8 発達障害者支援センターの支援

　発達障害者支援センターという場で、本人や家族への相談の仕事を通して感じていることを紹介します。それは、発達障害の人の支援のニーズや支援の質や量は、一人ひとり様々だということです。福祉サービスを活用しながら生活をしている人もいますし、そうでない人もいます。

　いま、生きている環境の中で、本人も周囲の人も、一人ひとりの可能性を広げるために適度な折り合いをつけながら、「自分らしく生きること」を支えることが重要です。発達障害の人たちは、私たちが自然に学ぶことを、自身の体験や適切な支援に出会うことで学べる人たちです。

　苦手なことや限界もありますが、できることや強みに着目し、そこから支援することが大切だと考えています。

1つの支援方法や考え方をあてはめるだけでは不十分

　ただし、私たちが発達障害の特性を理解し、支援者としての視野を広く持ってかかわっていかないと、私たちの価値観を押しつけた生き方を強要することにつながります。また、周囲の本当に大切にしなければいけない人たちを振り回すような人生になってしまうこともあります。

　発達障害の人たちとかかわるには、1つの支援方法や考え方をあてはめるだけでは不十分です。生活や人生を支えるその一部に、私たち支援者はかかわっているという認識を持ち、幅広い視点や役に立つ情報を整理して、一人ひとりの生活の彩りを豊かにすることを一緒に考えていくことが重要です。

家族を支援することの大切さ

　あわせて、発達障害のある本人のいちばん身近な存在である家族を理解し、支えていくことが大切です。家族の一員として、家庭の中で豊かな役割を担うということは、社会の中で自立的に生きていくことにつながっていきます。

あなたの住む町の発達障害者支援センターについて調べてみましょう。
発達障害者支援センターの役割と機能についてまとめてみましょう。
次のワークを仲間とやってみましょう。

1. 自閉スペクトラム症、ADHD、LDの特性や支援のアイディアを、付箋に1つひとつ書き、グループで共有しながら整理しましょう。
2. 発達障害の人のライフステージに応じた支援のニーズを付箋に記入し、グループで共有しながら下表のように整理しましょう。

ライフステージ	幼児期	学齢期	青年期	成人期
支援ニーズ				

3. ライフステージに応じた生活スタイルや活用できる資源などを調べて付箋に記入し、グループで共有しながら下表のように整理しましょう。知っていることを付箋に1つひとつ書き、グループで共有しながら、表を作成します。

領域	幼児期	学齢期	青年期	成人期
医療・保健				
福祉				
教育				
その他				

≫6-9 特別支援教育におけるアセスメントツールの使用

現在、特別支援教育の中では様々なアセスメントツールが用いられています。特別支援教育の対象になる子どものことを理解する上で、アセスメントツールを利用する利点として、子どもの長所と短所を客観的に把握できるところがあります。

短所を改善し、長所を伸ばすためのアセスメントツール

教員や支援者が子どもを理解する際に行いがちになることとして、短所ばかりに注目してしまうことが挙げられます。子どもの短所は困難さの直接の原因になっていることが多く、教員や支援者は子どもの短所をいかにして改善するかということに注意を払うことが多いです。

しかし、特別支援教育の対象となる子どもを考える場合、その短所を改善するだけでなく、子どもの長所を伸ばすことで自尊心や自己肯定感を育むことも極めて重要です。アセスメントツールを使用することによって、教員や支援者は子どもの長所も十分に把握でき、子どもの自尊心や自己肯定感を育む支援計画を立てることができます。

また、アセスメントツールを使用することは、教員や支援者が、子どもの短所や長所を過大もしくは過少に評価してしまうことを防ぐ際にも役立ちます。アセスメントツールは、子どもの持つ力を同一年齢の子どもの力と比較することができます。そのため、子どもの短所や長所を客観的に把握でき、子どものどのような側面に対して支援が必要なのかを適切に判断することができます。

様々なアセスメントツールの概要

ここでは特別支援教育の領域で使用することができるアセスメントツールの概要について説明します。

《WISC-IV (Wechsler Intelligence Scale for Children-IV)》
WISC-IVは、子どもの知的能力をアセスメントできる検査で、個別の子どもごとに実施します。5歳から16歳までの子どもに使用でき、全般的な知的能力だけでなく、ことばに関する力(言語理解)、情報をまとめ、推理する力(知

覚推理)、短い時間で覚えたものを処理する力(ワーキングメモリー)、物事を素早く処理する力(処理速度)など個別の知的能力を評価できます。

《Vineland-II適応行動尺度》

Vineland-II適応行動尺度は、日常生活を送る上で必要になる行動(適応行動)をアセスメントできる尺度です。

保護者や子どもをよく知る人に実施します。子どものコミュニケーション、日常生活スキル、社会性、運動スキルといった幅広い領域のスキルを評価できるだけでなく、日常生活を送る上で望ましくない行動(不適応行動)についても評価することができます。

《新版K式発達検査》

新版K式発達検査は、子どもの全般的な発達をアセスメントできる検査で、個別の子どもごとに実施します。0歳から18歳以上の、発達に遅れのある子どもと成人に、実施できます。

子どもの全般的な発達だけでなく、姿勢や運動面の発達、認知や適応面での発達、言語や社会性の面での発達など、各領域での発達を評価できます。

Active Learning

ここで取り上げた以外のアセスメントツールについて調べてみましょう。

アセスメントツールを用いて子どもをアセスメントする場合、どのようなことに気をつける必要があるか、話し合ってみましょう。

≫ 6-10　特別支援教育における運動・スポーツ

障害のある児童・生徒とスポーツ参加の現状

　近年、スポーツ庁の委託で行われた大規模な調査によると、7歳から19歳の障害のある児童・生徒において、スポーツを週1回以上実施している割合は31.5％に留まっています（笹川スポーツ財団、2016年の調査より）。

　保有障害別の実施割合は、肢体不自由（車椅子必要）10.2％、肢体不自由（車椅子不要）20.4％、視覚障害42.8％、聴覚障害37.2％、知的障害31.5％、発達障害35.1％、精神障害27.3％となっており、特に肢体不自由のある児童・生徒においてスポーツの実施率が低いことがわかります。

　学校体育に関する調査でも、通常学級に通う障害のある児童・生徒において、肢体不自由のある児童・生徒は、体育の授業にほとんど参加できていないことが報告されています（後藤、2001／53ページALコーナー参照）。この理由には、一般の児童・生徒との同一種目実施の困難さや、接触等の事故の回避、運動中の身体負荷の懸念などの要因が挙げられます。

　しかし、肢体不自由のある児童・生徒は、クラスメイトと一緒に体育に参加することを望んでいます。欧米では障害のある児童・生徒を体育に参加させる（含める）という教育方針（インクルーシブ体育）が定着しつつあります。

　一般の児童・生徒にとっても、障害のある児童・生徒とともに、スポーツを行うことは、多様性や、状況に対する応用力、他者を思いやる気持ちなどを学ぶ貴重な機会となります。日本の学校現場においても、インクルーシブ体育が広く定着することが望まれます。

学校体育が共通して目指すところ

　特別支援教育の体育だからといって、特別な教育目標があるわけではありません。特別支援学校小学部・中学部学習指導要領には、知的障害のある児童・生徒を除き、一般の児童・生徒と同様の目標が掲げられています。

　小中学校の体育で一貫して重視されている目標は「生涯スポーツの基礎を養う」ことです。すなわち、一生涯を通して自ら進んでスポーツに親しむ態度と、実践することができる能力を養うことです。

したがって、学校体育において重要なことは「運動が楽しい」と思える経験を積ませ、幅広い運動に触れさせて、選択できる運動の幅を広げることです。

たくさんの成功体験の場を提供するためには

運動を楽しむためには、取り組む課題と児童・生徒の身体的・技術的能力が一致していることが重要です。この課題と能力が一致したとき、ヒトはフロー（課題に熱中している状態）に入ります（右図参照）。

障害のある児童・生徒は、個々の身体的・技術的能力の差が大きいため、集団や個人に応じて運動課題を調整・修正することが必要です。

この障害や能力に応じてルールや道具を調整された、または新たに考案されたスポーツを「アダプテッドスポーツ」と呼びます。

〔出典〕"Mihaly Csikszentmihalyi, *Beyond Boredom and Anxiety*, 1975, Jossey-Bass Publishers" を基に作成

運動好きな児童・生徒を育むためには、障害の程度や発達段階に応じて、その都度、運動課題を選択・調整し、たくさんのフロー体験（最適経験）、成功体験の場を提供することが重要です。

Active Learning

肢体不自由のある児童・生徒が参加できるアダプテッドスポーツの1つに「シッティングバレーボール」（座って行うバレーボール）があります。床に臀部の一部が常に接触した状態で競技します。座って行うバレーボールのため、ネット高は1m程度に設定します。競技用のボールは、コントロールが難しいため、風船やビーチボールを使って体験してみてください。

また、以下の本を読んで、体育の授業のイメージを持ってみましょう。

○後藤邦夫監修『バリアフリーをめざす体育授業——障害のある子どもと共に学ぶ』杏林書院、2001年

≫ 6-11 応用行動分析学とほめ方のポイント

行動分析学とは

行動分析学は、適切な行動を増やしたり、不適切な行動を減らしたりするのにとても有効な学問領域です。行動分析学の特徴として、「行動」に焦点を当てた指導や研究を行うこと、「行動」を個体と環境の相互作用の結果生じるものとして捉えることなどがあげられます。これは、行動そのものにだけでなく、行動が生じる前後関係を含めて行動というものを捉えていく必要性について言及したものです。その際、ABC分析という枠組みを通して個体の行動を分析し、よりよい指導や支援のあり方について検討します。

ABC分析を知ろう

まずは、ABCの中央に位置する《B（Behavior：行動）》ですが、これは私たちが普段行っている行動のことです。次に《A（Antecedent：先行条件）》は《B》のきっかけとなる条件を指します。そして、《C（Consequent：後続条件）》は行動が起きた後の状況を指します。このように、「先行条件－行動－後続条件」の枠組みから個体の行動を分析することを、それぞれの英単語の頭文字を取って《ABC分析》と呼んでいます。

では、以下の「児童と教員とのやり取り」についてABC分析を実施してみましょう。

　　　［教員］　2×8＝？　答えの分かる人いますか？
　　　［児童］　はい、16です。
　　　［教員］　そう！正解です。

上記の「教師と児童のやり取り」をABC分析すると、このようになります。

　　| 《A》2×8＝？ | 《B》はい、16です | 《C》そう！正解 |

この例において、児童による解答行動の直後に、教員は「そう！正解」と肯定的評価をしていますが、このような対応法を「正の強化」と呼びます。とても大切な対応法です。

それは「よし、答えたのを認めてもらえた。次もがんばるぞ」と、児童のやる気を引き出すと同時に、勉強嫌いになるのを防ぐ効果も期待できるからです。

ほめ方のポイント

なお、子どもをほめる（行動分析学では「子どもの行動に対して正の強化を随伴（ずいはん）する」と言います）際には、いくつかのポイントがあります。

①子どもが行動を生起したらなるべく素早くほめる。

行動の直後が最も望ましいですが、60秒以内が効果的であると言われています。

②どの行動がよかったのかを明示しながらほめる。

例えば「ペンを拾ってくれてありがとう、助かったよ」などが挙げられます。

③対象となる子どもの年齢を考慮する。

小さな子どもに「いい仕事したね」、高校生に「頭を撫でる」はオススメしません。

④連続・即時強化から間欠・遅延強化の方向を意識してほめる。

初めのうちはすぐにマメにほめ（即時強化・連続強化）、子どもができるようになってきたら、時間を考えながら時々ほめます（遅延強化・間欠強化）。これでも、効果は維持します。

⑤注意したとしても改善されたらそこをほめる。

廊下を走っている子どもに「廊下は歩くよ」と注意すると、子どもは走るのをやめて歩き出します。そこ（歩く行動を生起したこと）を認めるよう心がけましょう。

応用行動分析学を通して、発達の気がかりな子どもに対するじょうずなほめ方や、しかり方について、具体例を挙げながら解説されている本を紹介します。
○山口薫著『発達の気がかりな子どもの上手なほめ方しかり方──応用行動分析学で学ぶ子育てのコツ』学研プラス、2010年

ボランティアや家庭教師などで、現在接している子どもに対して、「もっとよい接し方はないかな」と悩んでいる方にぜひお薦めしたい本です。

≫6-12　児童発達支援センターの子どもの発達支援

児童発達支援センターは、2012（平成24）年の改正児童福祉法の施行により創設された児童福祉施設で、全国に574か所設置されており（2015年10月現在）、支援が必要な乳幼児期の児童に発達支援を提供するとともに、家族や地域の支援も一体的に提供しています。

様々な職種が連携を取り、小集団での活動を大切に

乳幼児期の児童は、散歩や水遊び、造形や音楽遊びなど、四季折々の遊びを通して、また、身近な大人や子ども同士のかかわりを通して、様々な力を獲得していきます。

児童発達支援センターが行う発達支援も、基本とするところは同じですが、保育士や児童指導員、言語聴覚士や作業療法士、臨床心理士などの様々な職種が連携を取りながら、子どもの障害や発達特性に応じた環境の設定やかかわり方を工夫することにより、楽しく活動できるような工夫を行っています。

また、小集団での活動を大切にしており、小集団での遊びや人とのかかわりを通して、社会で豊かに生活していくうえで基盤となる身辺の自立や人への信頼感、意欲や自信、コミュニケーションする力などの習得を働きかけます。

保護者の支援

保護者の支援は、様々な悩みを抱える保護者に寄り添い、保護者の訴えを傾聴し、子どもの特性に応じた支援を、保護者と一緒に考えていくことから始まります。

また、ペアレント・トレーニングやサポートブックの作成などを通して、子どもの得意なことと苦手なこと、ほめ方やコミュニケーションの取り方、子どもの行動の意味などを具体的に伝えることによって、保護者にも子育ての成功体験を積み、自信を感じてもらうことを大切にしています。

保護者の抱える悩みの中には、就園や就学など、将来への悩みもあります。同じ悩みを持つ保護者の話し合いの場を設けることや先輩ママを相談相手に活用することも行われています。

インクルーシブ社会の実現に向けて

　障害や発達上の問題が明らかになると、早期からの障害の改善などの特別なかかわりが必要とされていましたが、「インクルーシブ社会」（→Step2、6-1）の理念に象徴されるように、地域の中で、子どもたちのかかわり合いの中で育てていくことが第一の選択肢とされる時代になりました。これは障害の有無を問わず、子どもの成長や人格形成を考えるうえでとても大切なことです。

　また、先にふれた成人期に豊かに生活していく力は、地域の中でさまざまな人と触れ合い、失敗体験を含め様々な経験をすることで豊かに育っていくことと考えられます。

　児童発達支援センターには、以下に挙げる事業が実施できます。

【障害児相談支援事業】
　福祉サービスや関係機関の紹介等を行う。

【保育所等訪問支援事業】
　児童が集団生活を送る幼稚園や保育所などを訪問して支援を行う。

　このように、実施している地域支援事業を活用して側面から支える役割が求められています。

Active Learning

障害のある子どもを持つ親の書いた手記などを読み、親の心の動きと支援について考えてみましょう。
　○野辺明子・加部一彦・横尾京子編『障害をもつ子を産むということ—19人の体験』中央法規出版、1999年

　○加藤正仁・宮田広善監修、全国児童発達支援協議会編集『発達支援学：その理論と実践—育ちが気になる子の子育て支援体系』協同医書出版社、2011年

児童発達支援センターについて調べてみましょう。また、児童発達支援センターにボランティア活動に行ってみましょう。

≫ 6-13　放課後等デイサービスの子どもと家族への支援

「ただいまー！」「おかえりー！」

学校が終わった子どもたちは、この場（放課後等デイサービスの事業所）に通ってきます。利用している子どもたちは、発達に何らかの苦手がある小学1年生から高校3年生までの児童・生徒たちです。

放課後等デイサービスの事業所に通ってくる子どもたちの課題やプログラムは、様々です。学校通学中の子どもたちが、放課後や夏休み等の長期休暇中において、生活能力向上のための訓練等を継続的に提供することにより、学校教育と相まって子どもたちの自立を促進するとともに、放課後等の居場所づくりを行うことが目的です。

見てわかる環境の工夫

人はできたことが次への励みになります。「褒められるとうれしい」……だから、もっとやってみたいと思うのです。デイサービスでは、「自分でできた！」の体験がたくさんできるように環境を工夫しています。

わからないことがあると誰しも不安になります。特に、通ってくる子どもたちは、言葉を聞いて意味を理解することが苦手であったり、「だいたい」「これくらい」等、曖昧なことを理解することが難しかったりします。だから、見てわかる環境の工夫をしています。

ここでの予定がわかる
　今日の予定や出かける時のスケジュールがあれば安心して過ごせます。
やり方がわかる
　初めてのことも手順書があれば、できることがたくさんあります。
自分の気持ちを伝えることができる
　PECS（→Step2、6-5）などの支援ツールを活用すると、安心してコミュニケーションがとれます

学校教員と連携して

子どもたちは、家庭や学校、地域で学びます。安心安定した生活は、事業所だけの時間ではありません。どこでも安心して自分の気持ちを伝えることがで

き、楽しい時間を過ごすためには、関係機関との連携が大事になります。

そのために学校と事業所、家族とが、情報を共有し、それぞれの役割を確認することが大切です。時には、医療機関も入り会議を開いて情報の共有をします。

家族の「聞いて」を言える場所に

家族の不安はずっとあります。その時の状況でその不安が大きくなったり、ほとんど感じないように思ったりもします。放課後等デイサービスが家族にとっても、いつでも「聞いてほしい」と言える場所であることも必要です。

通ってくる子どもたちにきょうだいがいる場合、そのきょうだいもまた大切な存在であり、そのきょうだいに感謝することも支援者として意識すべきことです。

子どもから学び共に成長する支援者に

「あなたの役割がある」
「あなたのいる意味がある」
「あなたがいるおかげで助かる」

こうした、ほめられ、認められる経験を通して、自信を持って生きていくことが大事です。

想像することが苦手であったり、気持ちをうまく伝えられなかったりするとき、「なんでだろう?」と支援者が想像して考え、かかわることは、何よりも支援者自身を育ててくれます。

なぜなら、子どもたちは心では、「こうしたい!」と思っているからで、それがうまくできないからイライラしたり、混乱したりするのだと、支援者も知っているはずだからです。

「思い」を言葉に出したり、具体的に見せたりして、気持ちが伝わったとき、「できた!」と感じる瞬間は、支援者もとてもうれしく思っているのです。

 **Active Learning**

あなたの住む地域の放課後等デイサービスを調べて、ボランティアに行ってみましょう。

≫ 6-14　学習支援の場の子どもの姿から

「学習」のことばから、どんな場面が浮かびますか？

たぶん、みなさんが学んできた経験から、机に向かう姿、教員と一緒に学ぶ姿を想像したのではないでしょうか？「学習が好き」と思う人よりもどちらかというと負のイメージが浮かぶ人の方が多いかもしれませんね。

本来、学習は楽しいことです。新しいことを学び、考えて、答えを導き出した瞬間「できた！」と達成感を味わいます。この達成感の積み重ねが、自信や有能感（→Step2、5-2）につながっていきます。考えることは、算数・国語といった個別の教科の中だけではありません。筋道を追って考える過程を学ぶことで、生活場面でのさまざまな状況に適応する力にもつながります。

考えることは、学校に在籍している間だけのことではありません。大人になっても学習は続きます。「できた！」「発見！」が人を豊かにしていくのです。そして、教える私たちも豊かになっていきます。

小さな「できた」の積み重ねができる教え方とは

子どもに教える仕事をするということは、子どもの「できた！」瞬間に出会えるということです。ただ見守るだけでなく、わかりやすく教えることが仕事です。何も教えていないのに、プリントを差し出し「やってごらん」とテストばかりの授業はしたくないですね。では、どのように教えたらよいでしょうか？

それは、小さな「できた」の積み重ねができる教え方です。教材教具の提示位置・方法、ことばのかけ方、教材教具の大きさ等子どもの「わかる」に向かって、学習のスモールステップを考えましょう。細かな段階は、そのまま子どもを見る評価の観点になり、子どもの発達段階を知ることにもなります。

どこまでできて、何が難しかったかを教えてくれます。子どもの発達段階がわかることで、子どもの行動の意味づけができます。

2つあるお菓子から1つを選んでもらう

知的障害があるしょうちゃんは、お菓子を2種類見せて「どっちがいい？」と聞いても反応がありません。それは、「どっち」のことばの意味がわからない

ことと、2つを見比べることの難しさからでした。

では、どのように教えたらよいでしょうか？　まず、2つのお菓子をしっかり見せることです。同時に、もし提示しても見比べられないならば、1つを提示し、しっかり見たことを確認してから、もう1つも見せます。提示するタイミングに合わせ、「どっち？」とゆっくり言葉をかけます。そして、「こっちを選ぶかな」と想像できる方を、しょうちゃんの利き手側に提示します。2つを見ることができるようになってから、利き手でない方にも提示します。

支援方法を細かく段階を追って教える

このように提示の位置、ことばのかけ方、タイミングなどの支援方法を細かく段階を追って教えることにより、「どっちにする？」のことばで、2つをしっかり見比べて好きな方を選ぶことができるようになりました。

2つから1つを選べるようになったころ、生活場面でも「好き／嫌い」がしっかりしてきて、お母さんに自分の気持ちを伝えようとする様子も見られるようになりました。

学習場面での、考える力、見る力、聞く力の高まりにより、日常生活場面での様子にも変化が表れます。学習と生活は、相互に関連し合っているのです。

Active Learning

子どもの味方になるために支援の体験をしてみましょう。
体験後は、子どもの様子やあなたの気づき・反省をノートに書き、ふりかえってみましょう。

＊玩具を提示したとき、子どもがその玩具を見ているかを確認しましょう。
見ていなかったら、そっと子どもの手を取り、玩具に視線を向けるようにしたらいいでしょう。

＊子どもの視線が何を捉えていたら、「何かな？」と一緒にその方向を見てみましょう。そして「○○だね」とことばを添えてみましょう。

≫ 6-15　不登校支援の立場から

不登校とは、「学校に（在籍していながら）行っていない」状態を指します。その「行ってない」とは、登校を拒否するという強い意志のもとに行かないというよりは、「行かなければいけないと思っているけれど、実際には行けない」ということの方が多いのです。

例えば朝、腹痛・下痢（げり）・嘔吐（おうと）・頭痛などの身体症状がでたり、親が付き添って学校の門まで来ても足が震えて入れないなどのストレス反応や、家でも手を何度も洗うなどの「強迫症状」が見られたりします。

不登校の要因は1つではないことが多い

不登校の背景要因は、学校におけるいじめ、友だちや教員との人間関係での傷つき、思春期の失敗経験からくる本人の万能感や自尊感情の傷つき、または、親の養育能力が乏しく児童福祉の援助が必要な例や、家庭環境は整っていながら親の期待と本人の思いのずれに悩む例等々、実に様々なものがあります。

そして多くの場合、不登校の要因は1つではなく、いくつかの要因が不運にも重なってしまった時に起きていることが多いようです。

従って、不登校の子どもの支援を考える際には、背景にどのような要因がありそうか、学校の状況、家庭の状況、それ以外の場の状況と、いろいろな角度から考えていくことが重要になります。

学級不適応の背景に発達障害がある場合

ある子どもに「人の気持ちがよくわからない」「その場の状況が読み取れない」などの特徴があり、周囲の子どもたちもそれを理解できずにトラブルに発展し、仲間外れにされて不登校になった後、医療の場で自閉症スペクトラム症の診断がおりた例もあります。

また、別のある子ども場合、その子が臨機応変の反応をすることを最も苦手とする特性に気づかず、教員が急な予定変更や、曖昧な指示をすることで、子どもがたびたびパニックに陥ることもあります。

そのような時、教員や周囲の子どもたちの理解があれば、発達障害のある子が不適応にならずにすむことがあります。

しかし一方では、特定の子どもへの対応が、学級全体の学習を著しくそこなうことがないように考えていくことも大切です。

通常学級での特別支援のあり方、特別支援学級への通級、特別支援学校での対応と、いろいろな選択の余地があるなかで、どのような形が子ども本人の学び（学習面のみならず社会性の面でも）に最適であるのか、保護者も納得できるように、教員はていねいに話し合っていくことが大切になります。

子どもの持つ病気や特性が、その子の学びの足かせとならないように考えていくことがまず大事です。

健常・病弱・障害の有無にかかわらず、人はみな個人の特性を持っています。その特性が生かされつつ、公共の利益と折り合いをつけていくことについて、子どもたちと共に考えていくこともまた、教員にとって大切な教育活動といえるでしょう。

学校と家庭それぞれの要因を並行して考える

不登校の子どもや保護者への支援は、子どもの障害や病気の有無にかかわらず、その子の学校不適応の学校内要因の軽減（学校の環境調整）と、家庭の子どもを受けとめ、癒やすはたらきの強化（場合によっては家庭環境の調整）を、同時並行でしていくことが必要なのです。

Active Learning

「強迫症状」について、文献・資料を用いて調べてみましょう。

自閉症スペクトラム症の子どもが、同じクラスの他の子どもたちとよい人間関係を築いていけるように、教師はどのような工夫をしていったらよいのか、話し合ってみましょう。

不登校の支援について、あなたの考えをノートに書き、仲間と共有しましょう。

≫ 6-16 保護者支援とカウンセリングマインド

　学校は、子どもたちにとって、教員の指導のもと、級友とともに知的学習をしていくだけでなく、その中で多くの人と接し、成功や失敗を繰り返しながら学んでいく場であるといえるでしょう。自分とは違う考え方や感じ方をする人に接する時、驚きや感動だけでなく、衝突や摩擦やそれによる傷つきを伴うことがあります。

こころと身体を休めて再生する場が家庭

　一方、家庭は、大人にとっても子どもにとっても、社会や学校で疲れたこころと身体を癒やし、再生して明日に備える場であるといえるでしょう。
　例えば、子どもが学校に行けないという時、自力では乗り越えられない状況が学校にあるということも考えられますし、あるいは、家庭の癒やしの機能が弱まっているということも考えられます。

保護者の心情をまず理解する

　保護者は、自分の子どもに悲しい思いや辛い思いをなるべくしないで、のびのびと成功体験を積んでほしいと願うものです。あえて、苦労をさせたがる親はいないでしょう。
　そのような親心が、ついつい子どものハードルになりそうなものを「転ばぬ先の杖」とばかりに取り除いてしまいたくなるものです。また、子どもがつまづいたり、傷ついたりした時に、ことのほか被害者的になり教員や他の子どもを責めたりしたくなるものです。
　また逆に、自分の子どもの問題を指摘された時には、「うちの子だけですか？」とか「家ではよい子です！」とか、ことのほか防衛的になったりします。それは、子どもの問題は親の責任だと思っていることの裏返しでもあります。

教師が保護者と一緒に子どもを支えていきたいと伝える

　教員は、そのような保護者の心情を理解した上で、問題を起こしている子どもを温かい眼差しで見つめながらも、何が問題であるのかを保護者に伝えていく必要があります。

子どもが成長の途上であること、良い方向に変わってゆく可能性を秘めていること、それを教師が保護者と一緒に支えていきたいと思っていることが伝わる時、保護者の防衛的な態度も緩んでいきます。

保護者支援はカウンセリングマインドで

アメリカの心理学者ロジャース（C.R.Rogers, 1902～1987）は、心理専門職としてのカウンセラーの姿勢として、以下の3つを提唱しました。

無条件の肯定的関心
相手のどのような話題にも関心を持って熱心に耳を傾ける（傾聴する）こと。

共感的理解
自分の価値観で理解するのではなく、相手の価値観や思考に即して相手の感情や行動を理解すること。

自己一致
以上2つを考えながら同時に、自分の中に生じてきた違和感にも気づいておくこと。

このような姿勢でカウンセラーが話を聞く時に、相談者は自分の内面に素直に触れることができ、こころの自然治癒力が高まるというのです。

そしてこのような態度は、カウンセラーと相談者という場面のみならず、教員と生徒、ソーシャルワーカーと利用者、支援者と被支援者など、教育の場や支援の場で有効な人間関係を形成することができると述べました。これがカウンセリングマインドと呼ばれているものです。

 Active Learning

 ロジャーズについて、調べてみましょう。例えば、「来談者中心療法・パーソンセンタード・アプローチ(PCA)」がどのようなものか、理解を深めましょう。

 あなた自身の小学校時代や、中学校時代における、保護者と教員のかかわりについて、良かったこと、良くなかったことを思い出してみましょう。その時、保護者や教員がどのようにかかわってくれたらよかったのか、考えてみましょう。

≫6-17 保護者の立場から

> 自閉症の子どもを育てる立場で、同じような境遇の家族の相談活動をされている母親からの声を紹介します。
> 様々な家族の声に耳を傾けてきた母親から、教員を目指す大学生へのメッセージです。読んで感じたことをノートに書いて、仲間と共有しましょう。

私たちが育てる子どもは、コミュニケーションが難しいこと特徴です。何かを教える時も、たいへん苦労します。親でさえもわが子の理解に苦しむことが多々あります。そんな時、子どもを理解しようと努力し、一緒になって考えてくれる教員との出会いは、私たち家族に安心を与えてくれました。

可能性を信じて根気強くていねいに

子どもにとって、自分の気持ちをわかってくれる人の存在は大きな安心を生み出します。安心を与えてくれたその教員との信頼関係は、子どもにチャレンジする気持ちと、学ぶことの楽しさを教えてくれます。

何を教えるにも時間がかかる子どもたちですが、教員が根気強く、ていねいに教えたら、文字が読めるようになり、書けるようになり、いろいろなことを理解できるようになりました。子どもたちは可能性を持っています。その可能性を信じて、子どもとかかわってくれる教員になってください。

自立した生活と社会参加できる喜びのため

私たちが育て、特別支援学校高等部を卒業した子どもたちが、いま、授業で学んだこと、教員に教えてもらったことを力に、今日もがんばっています。

福祉サービス事業所で就労に向けた支援を受けている子だちをみていると、障害のあるなしにかかわらず、仕事をすることが大切だと感じています。

将来、あなたがかかわる子どもたちが大きくなった時、自立した生活と社会参加できる喜びを感じられるよう、そんな力を学校でつけてあげてください。

それが保護者の喜びでもあります。

特別支援教育の風景

——実践に向けてのステップ

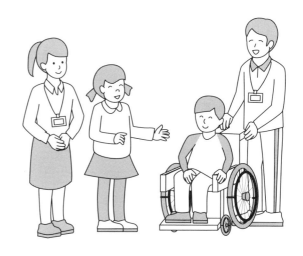

学びの視点

　Step3では、まず、特別支援教育の風景を紹介します。

　幼児期・学齢期と成長発達する子どもたちを支える教育現場の様子を想像しながら学びをすすめてください。

　特別支援教育のニーズは多様であり、ここで紹介するエピソードはほんの一部です。学びの世界をここから広げてください。

　そして、次は、実践力をつけるためのステップです。

　アクティブラーニングでは「体験学習」を重視しています。教育実習で学ぶこともイメージしながら、計画的に進めていきましょう。

　様々な体験を通して、障害のある子どもと、その家族に信頼される教員になるためにはどんな意識を持ち、特別支援教育に携わる教員としての能力・資質を兼ね備えたらよいか考えてみてください。

07　多様な教育ニーズに対応する特別支援教育

―――それぞれの風景―――

≫ 7-1　幼稚園の風景

「先生、ゆめかちゃんが、あそこの木の、大きいはっぱがとりたいってー！」

夢香ちゃん（ダウン症、4歳3カ月、年中）の手を引いて、田中先生のところにやって来たのは、同じクラスの彩ちゃんと奈緒子ちゃんです。2人は、まだお話が上手にできない夢香ちゃんの気持ちを代弁してくれています。

田中先生は、夢香ちゃんをだっこして、葉をとるのを手伝いました。大きな葉っぱを手にした夢香ちゃんはうれしそうに笑います。彩ちゃんと奈緒子ちゃんは「やったー、よかったねー」と笑顔になります。

「楽しい」「うれしい」「できた」を積み重ね成長できる場所

幼稚園ではよくこんな風景を目にします。障害のあるなしにかかわらず、遊びや生活を通して一緒に成長していく姿です。そして、子どもたちの成長を日々支えている教員の姿もあります。

田中先生は、夢香ちゃんの担任になり、夢香ちゃんの理解を深めるために日々の教育支援を通して「子ども理解」を深めていきました。幼稚園という場所が夢香ちゃんにとって安心・安全な場所になり、先生やお友だちとのかかわりを通して、「楽しい」「うれしい」「できた」を積み重ねて成長できるように、日々の教育実践を通して考えてきました。また、家族との連携も大切にして、夢香ちゃんを一緒に育てる気持ちを持つようにしました。

幼児期は、成長が加速化する時期です。夢香ちゃんも驚くような成長を日々見せてくれます。

その成長を支えるために教員は日々、子どもと向き合いながら奮闘しています。

≫ 7-2 小学校通常の学級の風景

　2年生の生活科の時間です。今日は、ミニトマトの観察日記を書く学習をします。エリちゃん（LD：学習障害）は書くことが苦手なので、いやだなあと思いました。
　「プリントは2種類あります。絵が得意な人は絵の枠が大きい方、文を書くのが得意な人は書くところが多いプリント。好きな方を選んでいいですよ」
　先生の話を聞いて少し安心しました。エリちゃんは、絵の枠が大きい方を選びました。先生にタブレットで写真を撮ってもらって、それを見ながらがんばって描き、実の数や色、においた様子を書きました。
　友だちに「エリちゃんのトマト、いっぱいなったのよくわかったよ」とほめられて、観察日記を書くのがちょっと楽しくなってきました。

結果だけでなく「意欲」「かんばり」を認める声かけ

　エリちゃんは苦手な学習の時には、教室を出て行くような子どもでした。そこで、担任の木下先生は、音楽の授業で鍵盤ハーモニカの勉強をする時にはスペシャルコース（ベース）を作ったり、国語の授業では漢字の足し算クイズをしたりするなど、教科ごとに学習に様々な工夫をしてきました。
　エリちゃんはその支援によって、ずいぶん落ち着いて学習に取り組めるようになりました。そして、他の子どもたちも、その支援で生き生きと学習に取り組めるようになったことを、先生は実感しています。
　また、コーディネーターの先生にアドバイスをもらい、結果だけではなく、しようとした「意欲」や「かんばり」を認める声掛けを、クラス全員にするよう心がけてきました。
　子ども同士でもやさしい言葉掛けが増え、あたたかいクラスの雰囲気になっていきました。

≫7-3 小学校特別支援学級の風景

チャレンジ学級（知的障害学級）では、ショッピングセンターにおでかけするために話し合いをしています。

「バスが9時30分だから、9時20分に学校を出ればいいか」

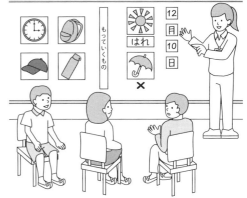

悠太くんが時計板を動かしながら言いました。香織さんは「健ちゃんは歩くのがゆっくりだから、もう少し前がいいよ。9時10分にしよう」と提案。

「お昼ごはん代と自由に使っていいお金は千円よ」と先生。
「先生、交流学級の友だちにおみやげを買ってもいいですか？」
「おこづかいで足りればOKよ」「やったー！」
楽しい会話が弾みます。

国語や算数の学習でも、このおでかけ活動に向けてお金の計算や支払いの仕方、時計の見方、マナーの学習、校長先生に一緒に来て欲しいとお願いに行く練習などをしています。生活に役立つ勉強なので、みんなはりきっています。

通常の学級や学校全体の先生方から受け入れられる心がけ

担任の溝口先生は、子どもたちに適切な指導や支援を工夫するだけではありません。支援学級の子どもたちが、学校全体の先生方や通常の学級の子どもたちにあたたかく受け入れてもらえるような学級経営を心がけています。新聞の受け取りやコピーのおつかいで、子どもたちはよく職員室や事務室に行き、先生方に声をかけてもらっています。

溝口先生が通常の学級での交流学習について行く時には、学級全体をサポートして、みんなが楽しく学べるように心がけています。

そうすると、担任の先生や通常の学級の子どもたちが交流の授業を心待ちにしたり、チャレンジの子どもたちをじょうずにサポートしたりするようになりました。支援の輪が広がっていきます。

≫7-4 通級指導教室の風景

1年生の教室では朝の活動をしている子どもたちで大にぎわいです。そんな中で宏樹くん（自閉症スペクトラム）は、行動の手順を書いたカードを見ながら連絡帳を出し終えました。「すごい。早いね！」

となりの席の祐美さんにそう言われて、宏樹くんはうれしそうです。

2時間目は「いってらっしゃい」とみんなに見送られて通級教室にやってきました。担当の西村先生と一緒に動画で友だちの表情を見ながら気持ちを考える学習と、プリントを上手に連絡袋に入れる練習をします。宏樹くんは、わかりやすく通常の学級で役立つことを教えてもらえる通級教室が大好きです。

児童の特性に応じた学習内容と学習方法を

西村先生は、宏樹くんに発達検査をして特性を知ったり、お母さんや担任の先生に家や学級でどんなことについて困っているのかを尋ねたりして、学習内容を吟味し、学習方法を工夫しています。

自分ではなかなか動けなかった朝の活動は、宏樹くんの見る力の強さを生かして、朝の活動が上手にできる子どもの行動をビデオで見せ、手順をカードに書いて整理したことでスムーズに動けるようになりました。

苦手な聞く力や伝える力を向上させる学習もしています。また、学級の友だちを数人交代で通級教室に招いて、「聞く・話す活動」や「ルールのある遊び」をするソーシャルスキルの勉強も取り入れています。ここで自信をつけて、学級でも力が発揮できる場面がみられるようになりました。

また、この楽しい活動を通して自然にお互いを理解し、適切なかかわり方ができるようになってきています。

≫ 7-5　中学校特別支援学級の風景

中学校の特別支援学級には、多様な障害特性の生徒が在籍しています。幅広い専門性が必要な学級もあります。また、弱視学級や難聴学級のように、1学級の在籍者が1、2名で、ていねいな個別指導が可能な一方、社会性発達の工夫が必要な学級もあります。

先生も友だちも自分も共に育つ

花田さんは、難聴学級の3年生。担任の鈴木先生は、難聴学級のベテラン先生です。今日の5時間めは、交流学級で社会の学習。交流授業の前日は、いつも以上に予習をします。聞き取りに集中しすぎて、考える時間がなくなることがあるからです。

社会の授業担当の坂本先生の授業では、花田さんの補聴器に届く特別なマイクを使います。また、鈴木先生の助言で板書型指導案を作成するようになり、早口で聞き取りにくかった授業は、語尾まではっきりわかる授業になりました。班別学習で付箋を活用するなど協議内容が見える工夫も始めました。

高校進学に向けた具体的な指導

難聴学級でずっと一人だった花田さんは、高校進学に向けて、コミュニケーションが最大の課題です。交流学級は9年間ほぼ同じメンバーで、数人の友だちはいますが、彼らは彼女が求めなくとも支援しようとしてくれます。

一方、花田さんはよく聞こえない場合でも適当に返事をし、後で困ることがあります。

そこで、鈴木先生は、「いま、私が何を言ったのか説明してみて」と確認を求めたり、聞こえにくい時の適切な言動の取り方を指導したりしています。

手話はもちろん、パソコン・電子黒板・タブレット端末など、ICT※機器を使った情報手段の活用を増やす指導もしています。

※「Information and Communication Technology」の略。ふつう「情報通信技術」と訳される。

≫ 7-6 特別支援学校幼稚部の風景

　幼稚部は、生涯を通じて自立した生活を送る基盤づくりのための貴重な学習の場であり、保護者にとってもかけがえのない相談の場です。

　設置されているのは全国で1100校を超える特別支援学校のうち170校余り、約15％程度で、多くが視覚特別支援学校や聴覚特別支援学校への設置です。

小学部入学までに「校内を自分で歩く力」を身につける

　年長さんの2時間めは「自立活動」です。

　今日の目標は「2階の図書室まで行ってみよう」。幼稚部の先生は、全員がもともと小学部の先生。担任の山本先生はモモちゃん（視覚障害）に、小学部入学までに「校内を自分で歩く力」を身につけてほしいと考えています。

　「今日は事務室の先の階段を上がって図書室に行くよ。さあ、途中どんな物があるかな？」山本先生のかけ声で、モモちゃんは意気揚々と、教室から出発します。なぜなら事務室までの道のりをモモちゃんはもう覚えたのですから。

　それに事務室手前の校長室のドアノブに、自分の作った紙粘土のボールがぶら下がっているのも知っています。ボールの手触りを確認したモモちゃんは、

　「私のボール発見！あっ、校長先生の足音だ。校長先生、発見！」

　「うれしいな、見つけてくれて。これからどこに行くの？」

　「図書室に行くの」

　「図書室のドアノブにも違うボールを下げているよ。触ってみてね」

　「はーい」

　山本先生から「今度、エンゼル幼稚園のみんなが来た時、案内できるようにしようね」と言われ、モモちゃんは真剣な顔で手すりをもって、階段を上がり始めたのでした。

≫ 7-7 特別支援学校小学部の風景

小学部3年のマー君は、発語はありませんが、明るく元気な男子です。

1時間めは「日常生活の指導」先生の声掛けがなくても体操服に着替え、脱いだ服をていねいにたたんで自分のかごの中へおさめます。

担任の渡辺先生に「花マル！」とほめてもらってうれしそうです

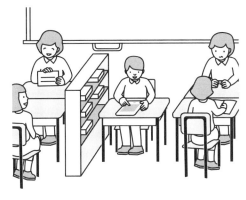

朝の会では、当番の挨拶をします。簡単な手話を教えてもらってから少しずつ覚え、今朝は「頑張りましょう」と手話で言えました。

2時間めは毎日「個別の課題学習」です。マー君は、中村先生と今日の学習内容を確認した後、ショウタ君と並んで机に座り、左のユニット棚の1段めの算数プリント、2段めのタブレットでの文字学習、3段めの自動車パズルと、各トレイから順番に課題を取り出して学習できました。ものすごい集中力です。

棚を挟んでとなりのブースでは、伊藤先生とケイちゃんがことばの学習をしています。パズルが終わったマー君は、ショウタ君に算数を教えていた渡辺先生に「終わりました」と手話で報告しました。ご褒美はクラスの3人と先生2人によるボーリングゲームです。

「できる」「できた」の経験と繰り返しを大切に

小学部では、生活体験や成功体験が少ない児童が、「自分のことを自分でする」意欲や態度を育てるため、「できる」「できた」という経験と繰り返しを大切にしています。

「教員と一緒ならできる」、「教員の言葉掛けでできる」、「一人でできる」など、児童の現状を個別に捉え、授業の中にそれぞれの「できた」が経験できる活動を設定しながら、「自分でする」意欲や態度を育てています。

≫7-8　特別支援学校中学部の風景

中学部は、小学部で学んだ基礎をもとに、「他の人と協力して行動する態度」や「地域生活に必要な基本的な行動」を確立し、社会自立に向かう高等部につないでいく時期です。

先輩の姿から学ぶキャリア教育

2年の藤井君（知的障害）は今学期、「作業学習」の一環として、担任の佐藤先生の引率のもと、地元の老人介護施設で行われる高等部の「作業学習」に参加しました。

ごみの収集やシーツ交換、床清掃や窓拭きなどの技術、挨拶の仕方やマナー、チーム作業のあり方など、高等部の先輩がてきぱき働く姿から、藤井君は多くのことを学びました。そして「かっこいいなあ、自分もあんなふうになりたいなあ」と自分の将来の姿を重ねながら、地域で働く責任と喜びを実感しました。

この時の授業は、佐藤先生にとっても、高等部の授業や卒業後の姿を見通した上で教えることがいかに大切か実感できるものとなりました。

思春期に揺れる生徒の指導と支援

一方で中学部は、思春期特有の心身のアンバランスから社会的な不適応行動を起こす生徒が出たりして、小学部以上に難しい対応や指導支援の工夫を迫られる時期でもあります。

そのような中、藤井君の学校では放課後に1組の教室で数学担当の先生たちがビデオ録画を使って今日の授業をふりかえっています。

3年2組では担任、生徒指導、教育相談担当が、会議室では、部主事と1年学年団にスクールカウンセラーが加わって、生徒の行動の情報共有や支援の見直しの協議など、チーム支援向上の話し合いをしています。

≫ 7-9 特別支援学校高等部の風景

　高等部は、卒業後の地域生活を見通しながら進路決定をするとともに、社会自立、職業自立に向けて移行準備をする時期です。様々な子どもがいます。

　高橋さんは、小学部入学と同時に寄宿舎に入り、中学部・高等部を経て、いよいよ大学進学を迎えました。

　鈴木さん（知的障害）は、中学校の通常の学級から寄宿舎に入りました。入学当初は特別支援学校に入った事実を認められず、苦しんだ時期もありましたが、現場実習先で評価を受けたことが自信となって成長し、一般就労とグループホーム先が決まりました。

　木村さん（自閉症）は、就労移行支援事業所で企業就労を目指します。

　中田さん（ダウン症）は、就労継続支援B事業所に通所しながら作業を行います。

　山田さん（肢体不自由）は、障害者支援施設への入所が決まっています。

　このように、高等部の進路先は実に幅広いものがあります。また、高等部には、中学校特別支援学級や、通常の学級からも多くの生徒が入学しています。従って高等部教員は、多様な障害実態に応じた指導支援の専門性はもちろん、教科指導や生徒指導、進路指導の高い実践力が求められます。

高等部教員に求められる「社会人力」

　高等部卒業者の85％を占める知的障害教育校の高等部では、就労等に必要な力を育成するため、多くの教員が実践的な職業教育を担当します。「現場実習」では、事前・事後指導や実習先との打ち合わせ、職場開拓も教員の仕事です。

　高等部教員には、企業を訪問し、直接交渉したり、説明したりする力が必要であり、在学中に高いコミュニケーション能力や社会人のマナーを身に付けておくことも求められます。

 Active Learning

 　以下の設定で、事前のアポイントメントから企業訪問、打ち合わせまでの手順を考え、整理して、ロールプレイをしてみましょう。
　【設定】「担任として、企業訪問をして、生徒の産業現場など実習にあたっての挨拶と事前の打ち合わせをする」
　また、ロールプレイ後の気づきをまとめ、発表し合ってみましょう。

≫7-10　高等学校の風景

　吉岡くんは高校3年生。公立高校普通科に通っています。3歳の時にアスペルガー症候群の診断を受け、幼児期から特別支援教育を受けています。得意な科目は数学で、成績も上位を維持しています。吉岡くんは、中学校の時に友人関係のトラブルから悩み、自分の障害について勉強したそうです。

　高校のクラスメートは吉岡くんを理解し、何かあればサポートしてくれます。吉岡くんの母親は「学校の先生が子どものことを正しく理解し、支援してくれているので、安心して学校に行っています」と語ります。

　自閉症スペクトラム症の順子さんは、定時制高校に通っています。入学時より定期的に、進路指導担当の教員の面接を受けています。順子さんは「アニメの仕事がしたい」という夢を持っていて、先生と一緒にその夢に向かうための「夢マップ作り」をしています。何度かの面接で、「アニメショップかレンタルCDショップの店員になる」という具体的な夢を描くことができ、そのための準備をしているそうです。

教員は正しい知識と専門的な技術が必要

　高等学校に在籍する障害のある生徒への支援には、教員の正しい知識・理解、専門的な技術が必要になります。支援は、幼小中高と切れ目なく行われ、大学・専門学校の教育へつなげていくことが大切です。

　また、高校卒業後に就労を目指す生徒には、個別面接、職業体験等、多様な支援が求められます。

Active Learning

　Step3の7-1〜7-10を読んできて、多様な場で学ぶ幼児・児童・生徒の姿をイメージできたでしょうか。

　ここまでの「特別支援教育の風景」を読んだ感想を整理し、学ぶ仲間に伝えてみましょう。

　特別支援学校や特別支援級、幼稚園などに出向き、ボランティア活動等の体験活動にチャレンジしましょう。

≫ 7-11　特別支援教育コーディネーターの役割

　特別支援教育を推進するため各学校で中心的な役割を担っているのが、特別支援教育コーディネーター（以下、コーディネーター）です。
　2007年4月、文部科学省は次のように規定しました。

> 「各学校の校長は、特別支援教育のコーディネーター的な役割を担う教員を『特別支援教育コーディネーター』に指名し、校務分掌（ぶんしょう）に明確に位置付けること」　「特別支援教育の推進について（通知）」[19文科初第125号] 平成19年4月1日）

コーディネーターに求められるもの

　こうして、特別支援教育の始まりとともにコーディネーター制度も本格的にスタートしました。現在、公立幼稚園、小・中・高等学校など、ほぼすべての公立学校でコーディネーターが指名されています[※]。
　コーディネーターには、
・校内委員会等の調整
・担任への支援、校外機関等との連絡調整
・保護者に対する相談窓口
など、様々な役割が求められており、さらに特別支援学校のコーディネーターには、地域の特別支援教育の核として、地域の学校等に対して指導・助言を行う役割も求められています。

学級担任への支援も重要な役割

　コーディネーターの重要な役割の1つに「学級担任への支援」があります。小・中学校等の通常の学級において、発達障害のある子どもへの指導・支援に苦慮している学級担任の先生は、大勢います。そうした中で、決して学級担任一人の問題にせず、また、学級担任も、問題を一人で抱え込まず、複数の教員がチームで問題解決に向かうことが大切です。
　その中心となるのが、コーディネーターです。コーディネーターには、学級担任の話に耳を傾け、共に解決策を探っていくという姿勢が求められます。

※中央教育審議会初等中等教育分科会「共生社会の形成に向けたインクルーシブ教育システム構築のための特別支援教育の推進（報告）」（平成24年7月23日）

子どもたちを指導するのはあくまで学級担任ですから、コーディネーターが学級担任の代わりに子どもを指導するわけではありません。コーディネーターは、適切なアドバイスをしながら、学級担任を励まし、学級担任の指導力を上げていかなければなりません。コーディネーターにはこうした「指導的な役割」も求められているのです。

不登校の生徒と担任教員をつなぐコーディネーター

田村さん（女子、中学3年）は、自閉症スペクトラム症の診断を持っています。田村さんは中学校2年生5月から2カ月間、不登校状態が続いていました。夏休みに本人と家族の希望もあり、地域の特別支援教育コーディネーターをしている山本先生に相談することになりました。山本先生は明るくて優しい先生で、田村さんは次第に話をするようになりました。

一時は高校進学もできないような状態にあったのですが、山本先生の具体的なアドバイスのおかげで、高校受験を前向きに考えるようになりました。また、山本先生が媒介役になり、担任教員との信頼関係もできました。

田村さんは「山本先生が話を聴いてくれてうれしかった」と笑顔で話してくれました。田村さんの母親は、「子どもを理解し、どのように支援していったらよいか、先生たちが真剣に考えて、支えてくれました」と語ります。

特別支援教育コーディネーターは、担任とは少し違う立場で、子どもや保護者の味方になってくれる存在なのです。

 Active Learning

  特別支援教育コーディネーターについて調べてみましょう。
地域における特別支援教育コーディネーターの役割を考えましょう。

≫7-12　教育センターで出会う子どもの姿から

　筆者が勤務する教育センターでは、主に2つの仕事があります。1つは、県内教職員向けの特別支援教育研修。そしてもう1つは、子どもや保護者、そして、教職員を対象とした教育相談です。
　この教育相談では、通常の個別相談だけでなく、発展・実践的な場として、主に小集団での学習サポートを中心にした「サポートルーム」と、主に小集団での体験活動を中心にした「ふれあいルーム」を開設しています。

本人の「参加してみたい」という欲求を待つ

　ここには、様々な理由で不登校になっている小学生から高校生までの子どもたちが来所しています。
　学校に行けない原因は様々ですが、来所する多くの子どもたちは、学校が安心して通える場所ではないと感じています。学校の門を見るだけで、嘔吐や腹痛、チック、自傷行為などの身体症状が現われてしまう子もいます。
　来所しても、毛布をかぶって隠れているような子どももいます。皆、他者とのやり取りの中で、何かしらの精神的苦痛があったことが推測されます。
　他者への恐怖を抱えた子どもは、なかなか人の中に入っていくことができません。ですから、本人のペースにまかせて、本人の「参加してみたい」という欲求が生まれるまで、しっかりと待ちます。

すでに参加できている子どもたちの対応

　この時いつも感心するのは、すでに参加できている子どもたちの対応です。参加しようとしている子どもの気持ちを和ませたり、背中を押してくれるような働きかけを、必要な時に本当に自然に、行ってくれることがあります。
　その子どもに後で声をかけると、
　「最初は、自分もこわかったもん」
　と、屈託のない笑顔で答えてくれたりします。
　先日、来所しているある高校生が、こんな話をしてくれました。小・中学校の時代は、ほとんど学校に行けなかった子どもです。
　「ようやくこの年になって、自分のことを嫌いじゃなくなってきた」

「そのきっかけは何？」と問うと、
「ふれあいルームに通ったことと、いま通っている学校のおかげかな」
という答えが返ってきました。

やり直せる場所として

　子どもたちは皆、自分が育つ環境（家庭・学校・地域社会等）の影響を受けながら成長していきます。その環境は、子どもたちを磨き、成長させてくれます。一方で環境は、子どもを見下したり、心を粉々にすることもあります。

　もし粉々になってしまった場合、ゲームのように簡単にリセットするわけにはいきませんが、子どもたちがゆっくりと、自分の良さを見つけて、やり直していくことができる場所が必要なのだと思います。

　そして、「自分に期待ができるようになること」こそが、将来の夢や希望を生み出すのだと、教育センターに通う子どもたちの姿が教えてくれます。

08 実践を積み重ねるために

≫ 8-1　体験学習（ボランティア活動）をしよう

「教育実習に来る前に子どもとのかかわりをしっかり経験してきてください」
実習担当教員の言葉です。

教育実習は2週間と限られています。限られた時間の中で、児童生徒の実態把握や学校生活全般での教育支援の体験、授業計画や授業の実施等を行います。先輩の体験談などを聴き、教育実習のイメージを持って準備していきましょう。

様々なボランティア活動から学ぶこと

特別支援教育を学ぶあなたはどんな体験活動（ボランティア活動）を行ってみたいですか？

大学4年生の山野さんは、放課後等デイサービスでボランティア活動をしています。子どもや支援者との出会いを通して、子どもへのかかわり方、保護者へのかかわり方を学べたと言います。

大学3年生の吉野さんは、教育実習の準備として特別支援学校でのボランティア活動に積極的に参加しています。運動会や文化祭、校外学習のサポートをする体験を通して、特別支援学校教員の仕事を具体的にイメージできたと言います。そして、特別支援学校の教員の魅力をますます感じることができ、大学の勉強や教員採用試験の勉強にも意欲的になれたそうです。

大学のサークル活動で学習支援のボランティアをしている大学4年生の佐上さんは、2年生の時からこの活動に継続的に参加していました。様々な学習課題や発達課題を抱えている児童生徒との出会いと具体的なかかわりを通して、教員になりたい気持ちが大きくなったそうです。

「ふりかえり」を大切に

ボランティア活動では「ふりかえり」を大切にしてください。そして、体験後のふりかえりを、次の活動につなげてください。

≫ 8-2 教育実習で学ぶこと

  あなたは教育実習にどのように臨みたいと思いますか？ 先輩や教員から話を聴いてイメージしましょう。
教育実習に臨むための準備が整っているか考え、自己の課題や学習目標を書いてみましょう。

教育実習では配属先のクラスがあり、そのクラスの教員と一緒に児童生徒の教育にかかわり、一人ひとりの子どもの理解を深めていきます。

また、教員がどのように児童生徒にかかわっているか観察したり、教員に質問したりしながら学んでいきます。千鶴さん（特別支援学校教員）は、

「教育実習での子どもと教員との出会いを通して、特別支援学校の先生になりたいという夢をかなえたい気持ちが、いっそう強くなった」と語ります。

研究授業は一生に1回しかできない経験

教育実習では、授業を行います。

千鶴さんは、教育実習中に「生活単元学習」「自立活動」の授業を実施しました。子どもたちにとって「わかる」「楽しい」「できた」と感じることのできる授業にするために、教材研究に一生懸命に取り組みました。

教育実習のまとめとして実施される研究授業は、一生に1回しかできない経験です。

千鶴さんは、その経験の学びを原点としています。そして、特別支援学校教員になったいまも、教材研究の時間を大切にし、生徒たちと一緒に学び、成長したいという気持ちで教育実践に奮闘しています。

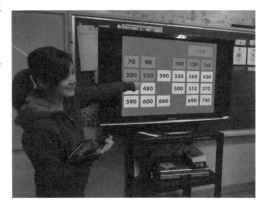

教育技術の向上を目指して

≫9-1　授業づくりで大切にしてほしいこと

　すでに、Step 2 (6-3) において、平成23、24 (2011、2012) 年度「自閉症の特性に応じた、小学部・中学部・高等部を一貫した柔軟な教育課程の編成の在り方」の研究を紹介しました。この研究では、授業づくりについて、次のように考えています。

　まず、授業参加のためには、「安心と安定」のある環境が必要で、そのためには、教員やクラスメートとの信頼関係が大切です。

　また、学習のルールやコミュニケーション（受容、発信ともに）が保障された環境であることも重要です。

　次に、主体的な活動が保障され、モチベーションが保てるような学びの仕掛けが重要で、授業では導入の部分にあたります。どのようにして学習意欲を引き出すかは、教員の腕の見せ所といったところでしょう。

授業は事前の構想と準備が大切

　そして、全てを教員の指示で動くのではなく、課題に対して目的を持ち、主体的な思考・判断を伴う課題解決を行うと、その授業で味わう達成感も、より大きなものとなり、学んだことを自分の生活に主体的に生かしていく可能性が高くなります。

　このように、授業を行う際には、事前の構想と準備がとても大切です。授業の良し悪しは、準備にかかっているといっても過言ではありません。

　また、授業後には、うまくいったことと、うまくいかなかったことを省察し、改善していくことで、授業力の向上が図られていきます。

「学級・授業づくりアイディアシート」を活用してみる

　授業前に何をどのように準備するのかという点については、平成27年度ふれあい教育センター（やまぐち総合教育支援センター）調査研究の「学級・授業づくりアイディアシート」を活用することもできます[※]。

　このシートは、教師が準備する視点を、

※ふれあい教育センターHP　http://www.ysn21.jp/furecen/

①「人(教員)のかかわり」
②「物(教材教具、支援道具)の活用」
③「場(場面、場の環境)の設定」
という3つに分けて記入できるシートです。

このシートを使用して公開授業を行えば、うまくいったことを確認できます。また、うまくいかなかったことは、他教員からの新たなアイディアの提案も受けることができます。

授業のブラッシュアップを行う際のツールとして、ぜひ、参考にしみてください。

Active Learning

特別支援学校について、書籍やホームページで調べてみましょう。
特別支援学校では、どんな授業が行われているでしょうか。特別支援学校に行って授業を見学しましょう。

学習指導案の作成にチャレンジしましょう。
山口県立山口総合支援学校のホームページに紹介されている研究紀要から「授業づくり」のポイントを読んでみましょう。

≫9-2 教材研究の大切さ

教育実習を終えた学生の感想に「教材研究の大切さを実感しました」というものが、多くあります。教材研究は本来、授業研究の一部を成しています。

一般に、業務を円滑に行うマネジメントの考え方に、

「計画（Plan）」→「実践（Do）」→「評価（Check）」→「改善（Act）」

という4段階を繰り返す「PDCAサイクル」があります。

授業に置き換えれば、授業構想を立てる「計画（Plan）」の段階が、教材研究といえます。1つの授業には必ずねらいがあり、子どもたちに付けさせたい力があります。そのための「教材研究→授業→授業検討→改善」ということです。

授業を計画して行い、授業を検討してさらに行う

子どもにとって、良い授業、わかる授業を行うために教材研究が行われます。良い授業とは、①授業のねらいが達成された授業、②子どもが主体的に学ぶ授業、③もっと学びたいと子どもが感じる授業、④見方や考え方を豊かにする授業、⑤知識や価値体系を再構築する授業、などと言われています。

そのような良い授業を行うために、子ども理解、教材分析、指導方法の工夫、学習指導案の作成、板書計画等の準備をします（Plan：計画）。しかし、一生懸命に教材研究を行い、作成した学習指導案ができても、実際の教室で子どもを前に実践する授業（Do：実践）は、なかなか思い通りにはいきません。

そのため授業後に、検討を行い「ねらいを達成するための手立ては良かったのか？」「発問は的確であったか？」「板書はわかりやすく構造的なものであったか？」等々をふりかえり、検証していきます（Check：評価）。そのうえで授業構想を考えなおし（Act：改善）、さらに実践します。

この繰り返しを積み重ねることで、さらに授業研究が確かなものとなり、教材研究が深まっていくのです。子どもたちに確かな学びをつけていくため、教える側にとってなくてはならない、大切なものが教材研究なのです。

特別支援学校の子どもの個別支援のための教材を作ってみましょう。仲間と協力しあって、個別学習の実施をしてみましょう。

10 学び続ける教員になるために

繰り返し「自問自答」していく

　学生として学んだ知識や実体験は、すべてあなた自身の財産や宝物です。これをもとに、現状や背景に疑問を投げかけ、分析していきます。

　例えば、「子どもの潜在的な能力を引き出し、その能力を伸長させているか？」「基礎基本の定着と活用力を引き出しているか？」「楽しさだけの経験の繰り返しになっていないか？」「教育活動の質はどうか？」と、自問自答を繰り返していくことが、自己研鑽となります。また、自問自答を繰り返す謙虚さが、常にあなたを鍛え成長させてくれます。

　メディア活用能力を発揮し、多面的に社会の動きや背景を把握するアンテナを磨き、課題を解決する糸口をより多く提案することができるようになりたいものです。

「好き」が無限の学びになる

　児童生徒が好き、授業が好き、学校が好き、地域が好きということが、多面的な視点や視野を拡大させる原動力であり、無限の学びにつながっていきます。

　あなたの「引き出し」をより広く、多く持ちましょう。

　あなたの「ポケット」を増やし続け、知的好奇心を総動員して情報を求め、収集し、把握しておきましょう。

　あなたに備わっている多くの能力を錆びつかせないためにも、すべての感覚を研ぎすまして、努力の積み重ねにより、潜在能力の活性化に努めたいものです。

　あなたは、子どもと保護者の熱い「思い」や「願い」に寄り添い、実態や背景に応じた指導と支援を最優先で実践していく教員を目指しているはずです。

　そんなあなたにとって、受講記録・資料・卒業論文・教育実習日誌・学習指導案綴などは、かけがえのない貴重な財産や宝物です。教員生活をスタートさせた時、転勤した時、挫折しそうになった時など、折にふれ、手に取ってひもといてみてください。新鮮で初々しく、清々しいあなたに再会することができるはずです。教員を夢みて切磋琢磨した日々が、きっとあなたを叱咤激励し、優しく包み込んでくれることでしょう。

11 特別支援教育を学ぶあなたへ

　この本では、大学の教員養成にかかわる教員や障害児・者福祉に携わる専門家から、特別支援教育を学ぶあなたにたくさんのメッセージを発信してきました。最後のメッセージとして、3つお伝えしたいと思います。

障害のある子どもと家族の幸せを支えてください

　共生社会の実現には、特別支援教育が必要です。出会うことのできた障害のある子どもと家族の幸せを支えるために、あなたができることを考えてください。子どもたちに、たくさんの自信を与えられる支援や授業実践をしてください。家族の声に耳を傾け、家族の「願い」や「思い」を知り、家族と一緒に子どもを育てることを心がけてください。

子どもと家族から信頼される教員になってください

　「子どもと家族から信頼される教員」とはどんな教員か考えてみてください。教員として、子どもや家族に出会う時、あなたは一人の専門家として、子どもや家族のために、その専門性を発揮しなければいけません。その専門性について、これまでの学びから再考し、教員の資質・能力についてもう一度考えてみましょう。

初心を忘れないで、学び続ける教員になってください

　特別支援教育について学ぶきっかけになった出来事や経験を思い出してください。教育実習の経験は、あなたの原点になるでしょう。そして、経験を重ねても、初心を忘れず学び続ける教員として社会で活躍してください。

学びの総括として、アクティブラーニングを通して学びましょう。次の項目について考えたことをノートや付箋に書いて、仲間に伝える活動（ペアワーク）、グループワークで共有しましょう。
①特に関心を持ったこと
②もっと学びたいこと
③目指す教師像
④特別支援教育に携わる教員の専門性（資質・能力）
⑤あなたの将来設計及び今後の課題と目標

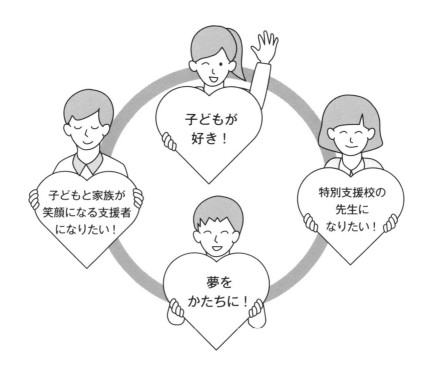

特別支援教育を学ぶあなたへおすすめの本

　ここまでのアクティブラーニングコーナーで紹介したもの以外に、ぜひ読んでほしい本を、以下に紹介します。

○青山新吾編集代表『特別支援教育ONEテーマブックシリーズ』学事出版、2014年〜
　『気になる子の心を育てる対話の3ステップ』『気になる子の荒れに効く指導法』など、特別支援教育を進めていく上で重要なテーマを、1つずつ取り上げてまとめています。2016年現在、10点が刊行されています。

○成沢真介『虹の生徒たち──自閉症・発達障害がある子どもたちを育てる特別支援学校とは？』講談社、2010年
　特別支援学校教諭である著者が教育実践をつづっています。特別支援学校の様子がよくわかる本です。

○中田洋二郎『子どもの障害をどう受容するか──家族支援と援助者の役割』大月書店、2002年
　障害のある子どもを育てる家族の理解のために、ぜひ読んでほしい本です。ほかにも、家族や当事者が執筆している本がたくさん出版されているので読んでみましょう。

○肥後祥治ほか編著『特別支援教育の学習指導案と授業研究──子どもたちが学ぶ楽しさを味わえる授業づくり』ジアース教育新社、2013年
　特別支援教育の授業づくりについて学ぶことのできる本も、たくさん出版されています。教育実習や教育実習の事前学習で役立ててください。

○谷田貝公昭監修『これだけは身につけたい 小学生の常識（マナー）67』一藝社、2007年
　特別支援教育の教材研究に役立つ本です。子どもの自立と社会参加を目指すための教育実践を行うヒントになると思います。

あとがき

　激動の時代を迎え、この時代を生き抜く力を身に付けるために大学教育のあり方が問われています。
　大学入学後は、高校までの学びと経験を土台に、一人ひとりの夢を実現するためにさらに主体的に学ぶことが求められます。大学では学生が夢や希望を持って学ぶことのできる教育環境を整備することが求められます。
　近年、大学教員が、どのような授業を行い、どのような学びを学生に提供できるかということが課題となっています。
　山口県立大学社会福祉学部教育実習会議では、大学の授業改善に向け「アクティブラーニングの効果的な導入方法とその内容」について焦点を当て、教員養成に係る教員同士で個々の授業の改善点や具体的な方法について共有・議論しました。

　本書は、このような授業改善に関する研究や研修活動の成果物として作成し、特別支援教育を学ぶ学生の副読本として活用するために企画しました。
　研究成果物を、広く社会に還元することの意義を筆者の恩師である谷田貝公昭先生（目白大学名誉教授）にご教示いただき、一藝社の菊池公男社長、編集担当の松澤隆氏のご理解とご支援によって出版することとなりました。
　書籍になることにより、特別支援教育を学ぶ大学生だけでなく、高校生や障害児支援にかかわる方にも手にとっていただける可能性が広がりました。
　教育の原点ともいえる特別支援教育を充実させていくことの大切さが多くの人に伝わり、障害のある子どもと家族の幸せを支える支援者養成の一助になれば幸いに存じます。

また、本書の作成を通して、山口県立大学の非常勤講師の先生方、関係機関である教育・福祉施設等の支援者の皆様と、特別支援学校教員養成に対する思い・願いを共有できたことを実感しています。
　最後になりましたが、協力していただいたすべての皆様に深く感謝いたします。

　　　平成29年2月1日

　　　　　　　　　　　　山口県立大学社会福祉学部 教育実習会議長　　藤田 久美

　本書は、平成28年度山口県立大学研究創作活動（教員養成課程対応型）「特別支援教育養成課程の教育内容の充実に向けた研究──教材開発とその成果物としてのブックレットの作成」の研究助成金を活用し出版しました。また、山口県立大学「教育改善を可視化する主体的Check & Actionシステムに係る授業改善チーム（福祉教育系）」における議論・共有をもとに教材開発を進めました。この学びをつなげ、教職課程生への教育内容や教育方法の工夫・改善にこれからも努めていきたいと思います。

　　　　　　　　　　　　山口県立大学社会福祉学部教育実習会議
　　　　　　　　　　　　＜特別支援学校教員養成に係る教材開発研究チーム＞
　　　　　　　　　　　　　　大石由起子、永瀬　開、角田憲治、藤田久美

◎編著者紹介

藤田 久美 ［ふじた・くみ］
　　山口県立大学社会福祉学部教授

◎執筆者紹介 (50音順／カッコ内は執筆担当項目番号)

岡本 実 ［おかもと・みのる］子ども発達支援センター愛施設長 (6-12)
岡村 隆弘 ［おかむら・たかひろ］山口県発達障害者支援センターまっぷセンター長 (6-8)
小田桐 早苗 ［おだぎり・さなえ］川崎医療福祉大学医療福祉学部医療福祉学科講師 (6-7)
沖村 文子 ［おきむら・あやこ］相談事業所ぱれっと管理者 (6-13)
大石 由起子 ［おおいし・ゆきこ］山口県立大学社会福祉学部准教授 (5-3、6-15、6-16)
河村 靖彦 ［かわむら・やすひこ］山口県立大学非常勤講師 (9-2)
川間 弘子 ［かわま・ひろこ］認定NPO法人やまぐち発達臨床支援センター理事長 (6-14)
久賀谷 洋 ［くがや・よう］千里金蘭大学非常勤講師、NPO法人SKIPひらかた理事 (6-5)
重松 孝治 ［しげまつ・こうじ］川崎医療短期大学医療保育科講師 (6-4)
田村 知津子 ［たむら・ちづこ］山口学芸大学教育学部准教授 (7-5、7-6、7-7、7-8、7-9)
角田 憲治 ［つのだ・けんじ］山口県立大学社会福祉学部講師 (6-10)
藤田 久美 ［ふじた・くみ］前掲 (1、2、3、6-2、7-1、7-10、8-1、8-2、11、各Step学びの視点)
永瀬 開 ［ながせ・かい］山口県立大学社会福祉学部講師 (5-1、5-2、5-4、5-5、5-6、6-6、6-9)
縄手 昌子 ［なわて・まさこ］山口県立大学非常勤講師 (7-2、7-3、7-4)
宮木 秀雄 ［みやき・ひでお］山口学芸大学教育学部講師 (4、7-11)
宮本 剛 ［みやもと・たけし］やまぐち総合教育支援センター研究指導主事 (6-1、6-3、7-12、9-1)
松岡 勝彦 ［まつおか・かつひこ］山口大学教育学部・東アジア研究科教授 (6-11)
三輪 研一郎 ［みわ・けんいちろう］山口県立大学非常勤講師 (10)
山下 里枝 ［やました・さとえ］自閉症児を育てるママの会（ママかん） (6-17)

＜協力＞

大塩 文子 ［おおしお・ふみこ］特別支援学校教員、山口県立大学社会福祉学部卒業生 (2)
石田 千鶴 ［いしだ・ちづる］特別支援学校教員、山口県立大学社会福祉学部卒業生 (8-2)

アクティブラーニングで学ぶ 特別支援教育

2017年3月30日	初版第1刷発行

編著者	藤田　久美
発行者	菊池　公男
発行所	株式会社　一藝社
	〒160-0014　東京都新宿区内藤町1－6
	TEL 03-5312-8890
	FAX 03-5312-8895
	振替　東京 00180-5-350802
	E-mail : info@ichigeisha.co.jp
	HP : http://www.ichigeisha.co.jp
印刷・製本	シナノ書籍印刷株式会社

©Kumi Fujita 2017 Printed in Japan

ISBN 978-4-86359-123-3 C3037
乱丁・落丁本はお取り替えいたします

一藝社の本

本書の姉妹編

アクティブラーニングで学ぶ
福祉科教育法
――高校生に福祉を伝える

藤田久美　編著

教材研究　学習指導案作成　ワークシート作成　授業シミュレーション（発問・板書計画等）

A5判　並製　定価（本体1800円＋税）　ISBN 978-4-86359-122-6